AF311583

LE
CHANTEUR-ACCOMPAGNATEUR,

OU TRAITÉ

DU CLAVIER, DE LA BASSE CHIFFRÉE,

DE L'HARMONIE SIMPLE ET COMPOSÉE,

SUIVI

DE CONSEILS SUR LA MANIÈRE DE FAIRE DES NOTES D'AGRÉMENT, POINTS-D'ORGUE, ETC.,
TOUJOURS SOUMIS AUX RÈGLES DE LA PLUS PURE HARMONIE ET DE L'EXPRESSION LA PLUS CARACTÉRISTIQUE
SUIVANT LE GENRE DE CHAQUE VOIX.

OUVRAGE INDISPENSABLE AUX PERSONNES QUI, S'OCCUPANT DE L'ART DU CHANT,
SONT PRIVÉES D'UN ACCOMPAGNATEUR SPÉCIAL.

DÉDIÉ

A M. PAUL BARROILHET,

Premier sujet de l'Académie Royale de Musique,

PAR A. ELWART,

ANCIEN PENSIONNAIRE DE L'ACADÉMIE DE FRANCE A ROME,
PROFESSEUR D'HARMONIE AU CONSERVATOIRE,
Et le principal Auteur des ÉTUDES ÉLÉMENTAIRES DE LA MUSIQUE.

—••—

PARIS,

CHEZ L'AUTEUR, RUE NEUVE-BRÉDA, 25;

ET CHEZ TOUS LES ÉDITEURS DE MUSIQUE.

DIJON,

CHEZ HUSTACHE PÈRE ET FILS, ÉDITEURS DE MUSIQUE.

GRAY (HAUTE SAONE), CHEZ AUGUSTE SIBILLE.

1844.

Musique imprimée
PAR LES PROCÉDÉS DE TANTENSTEIN ET CORDEL,
90, rue de la Harpe.

Imprimerie HAUQUELIN et BAUTRUCHE,
90, rue de la Harpe

PRÉFACE.

Si les connaissances préliminaires de l'harmonie et de la
composition doivent être le complément des études musicales
des artistes en général, on reconnaîtra que, pour les chanteurs en particulier, leur possession est d'une utilité de tous
les instants. Mais, pour expérimenter les accords du système et toutes les autres parties secondaires de l'harmonie,
quoi de plus favorable que le clavier d'un piano? C'est donc
afin de mettre à même en très peu de temps, et les chanteurs
et les autres membres de la grande famille musicale, de les
pratiquer sur le piano, que l'auteur de cet ouvrage l'a précédé d'un petit TRAITÉ DU CLAVIER, et qu'il a doigté soigneu-
sement tous les accords enseignés progressivement par lui
dans le premier et le second chapitre qui suivent.

Désirant surtout appliquer ce nouvel ouvrage à l'art vocal,
si répandu de nos jours, il en a conçu et exécuté le plan de
telle sorte que TOUT CHANTEUR qui se livrera avec continuité à
son étude peu fatigante parviendra, en très peu de temps,
à accompagner, non seulement toute espèce de BASSE CHIF-
FRÉE, mais aussi celle des rôles de l'ancien et du nouveau répertoire. Il suffira seulement que, contrairement à l'usage

actuel, la basse d'orchestre soit chiffrée, par un compositeur capable, ou par l'auteur lui-même, pour que le chanteur, privé d'un accompagnateur spécial, puisse étudier ses rôles avec promptitude et succès. Autrefois, les maîtres chiffraient les basses de leurs partitions scéniques et autres; témoins les œuvres gravées de Lully, Rameau, en France; Durante, Jomelly, en Italie; Sébastien Bach, Hændel, en Allemagne et en Angleterre. Cette excellente coutume s'est malheureusement perdue depuis long-temps; mais, il dépend de nos principaux éditeurs de la faire revivre; et l'éducation musicale des chanteurs y gagnera efficacement.

Cependant, il ne suffit pas à un chanteur qu'il sache s'accompagner convenablement sous le rapport du bien rendu de l'harmonie particulière aux compositeurs dont il doit être l'interprète; il faut encore que le virtuose, lorsqu'il désire orner la répétition d'une même mélodie, ou changer des points-d'orgue écrits contre de nouveaux points-d'orgue mieux disposés pour ses moyens, il faut, disons-nous, que ces différents ornements ou points-d'orgue soient toujours conçus d'après l'harmonie originale des compositeurs. C'est pour arriver promptement à cet heureux résultat que l'auteur s'est livré, sur ce sujet intéressant, à des considérations enrichies d'exemples détaillés.

Désirant lier aussi l'ancien système harmonique de Catel, si répandu depuis quarante ans en France, avec le système moderne que Reicha le premier y a mis en lumière, l'auteur, dans des notes critiques écrites avec autant d'impartialité que de convenance, a signalé la différence qui existe entre

ces deux méthodes souvent opposées par la manière de chiffrer, et surtout de considérer certains accords.

Il espère que la lecture attentive de ces notes, en initiant
au système de Catel les personnes qui l'ignoreraient encore,
sera d'une très grande utilité à celles aussi qui, pour la
première fois, étudieront la méthode de Reicha, à l'extension
de laquelle l'auteur a déjà tant contribué dans tous les ouvrages didactiques qu'il a publiés depuis quelques années.

Rédigé enfin avec tout le soin dont l'auteur est capable,
et publié sous sa direction immédiate, le CHANTEUR—ACCOM-
PAGNATEUR nous semble destiné à rendre de prompts, et peut-
être d'heureux services à l'art harmonique; et, ainsi que
le célèbre artiste auquel ce livre a été dédié a bien voulu
nous l'écrire dans sa lettre de remercîments, nous osons
espérer que bientôt notre livre « qui manquait à la biblio-
thèque musicale » nous méritera de nouveaux encouragements
de la part des artistes, à l'estime desquels nous tenons avec
autant d'empressement que nous professons de respect pour
leur critique éclairée, lorsqu'elle est dictée avec mesure et
impartialité.

Paris le 15 novembre 1843.

A. ELWART.

LE
CHANTEUR-ACCOMPAGNATEUR.

INTRODUCTION.

PETIT TRAITÉ DU CLAVIER.

§ 1.

Etendue ordinaire du piano.

Les pianos modernes ont généralement six octaves et demie d'étendue, à partir de l'*ut* grave jusqu'au *sol* extrême aigu.

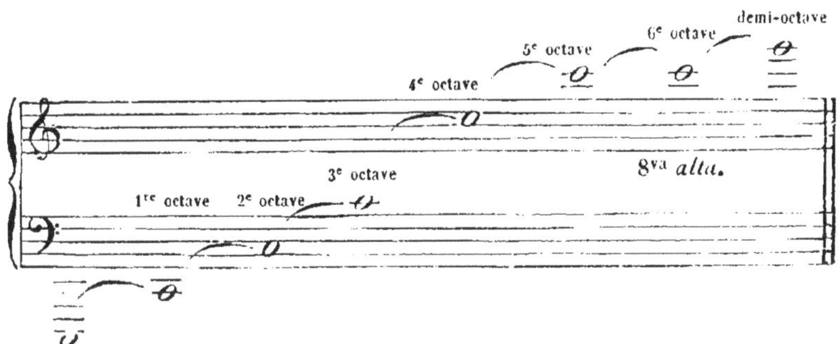

Voici la figure d'un clavier à six octaves et demie, avec le nom des notes qui correspondent aux touches :

Les six premières octaves, ainsi que la dernière demi-octave, sont indiquées en notes noires : chaque première tonique est indiquée par une note blanche [1].

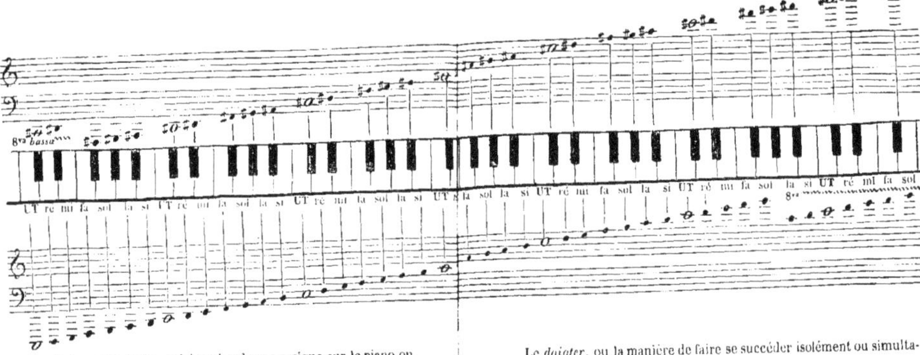

Avant de passer outre, voici quel ordre on assigne sur le piano ou l'orgue à chacun des cinq doigts des mains gauche et droite :

MAIN GAUCHE.

5	4	3	2	1
Auriculaire.	Annullaire.	Médium.	Indicateur.	Pouce.

MAIN DROITE.

1	2	3	4	5
Pouce.	Indicateur.	Médium.	Annullaire.	Auriculaire.

(1) Personne n'ignore que les touches blanches et noires sont affectées, les premières aux sons naturels, et les secondes aux sons dièses et bémolisés, suivant le cas. Cette double faculté est due à ce que le piano ou l'orgue sont deux instruments *enharmoniques* par excellence, c'est-à-dire dont chacune des touches noires peut être tout à la fois note *diésée* et *bémolisée* : comme, par exemple, ut ♯, ré ♭. Cependant, les seules touches blanches *si* et *fa* jouissent aussi de la faculté enharmonique ; et même la qualité du double-dièse et du double-bémol peut être donnée, non seulement à ces deux touches, mais aussi à toute les autres.

Le *doigter*, ou la manière de faire se succéder isolément ou simultanément les cinq doigts des mains gauche et droite, est le même pour chacune d'elles, quelle que soit la région de l'octave dans laquelle l'une ou l'autre exécute.

Comme notre but, en écrivant ce traité, n'a pas été de former des pianistes, mais bien des *plaqueurs* d'accords dans l'espace de temps le plus bref, nous donnerons à nos lecteurs, pour *resumé* harmonique, une suite d'accords plaqués dans presque tous les tons ; et chacune des notes qui forment ces mêmes accords sera accompagnée d'un chiffre indiquant avec *quel* doigt il faut la frapper.

Pourtant, afin d'être utile à ceux des chanteurs qui désirent étudier plus sérieusement le clavier, nous offrons plus loin une série de gammes doigtées dans tous les tons majeurs et mineurs.

§ 2.

De la position des mains sur le clavier.

On doit tenir les mains à la hauteur des coudes, les placer sans raideur sur le clavier, et incliner légèrement les doigts vers les touches en leur donnant la forme d'un petit marteau. — On approchera les coudes du corps; l'avant-bras sera placé horizontalement, et les pouces devront être posés droits dans l'axe de l'avant-bras, afin de parvenir à frapper les touches avec égalité. Il est essentiel d'étudier d'abord très lentement les petits exercices suivants.

Chaque exercice doit être recommencé plusieurs fois de suite; et l'on n'accellérera le mouvement qu'après au moins deux ou trois jours d'étude.

§ 3.

De l'emploi respectif des deux mains lorsque l'on accompagne
la basse chiffrée.

La main gauche, vouée nécessairement à l'exécution de la basse, sert à exécuter en octaves cette dernière. — Rien ne donne plus de rondeur à l'harmonie qu'une basse ainsi répercutée à huit degrés de distance.—Quant à la main droite, on fera toujours en sorte de ne lui donner que trois sons au plus à faire entendre, quelle que soit d'ailleurs la combinaison des accords.—C'est du choix de ces trois sons affectés de préférence à la main droite, dont nous aurons à nous occuper plus loin.

Dans le cas où l'on voudrait exécuter la mélodie afin de soutenir la voix du chanteur, il faudrait ne pas jouer la basse en *octaves*, mais plutôt lui donner à faire deux notes au moins de l'harmonie indiquée par les chiffres.—La main droite, outre la mélodie qu'elle ferait entendre, devrait aussi exécuter autant que possible la troisième note complémentaire de l'harmonie; car on doit apprendre dès à présent qu'il n'y a pas accord, mais seulement *fraction* d'accord, si *trois sons* différents les uns des autres ne sont entendus simultanément. Afin de compléter les études si brèves que nous exigeons de nos lecteurs relativement au clavier, nous terminerons cette section par de nouveaux petits exercices en *sixtes* et en *octaves* destinés à rendre l'avant-bras immobile; car, pour parvenir à bien les exécuter, les mains doivent seules se baisser et se lever. On évitera surtout de mettre aucune raideur.

Enfin, ces exercices sont suivis de gammes majeures et mineures dans tous les tons.

EXERCICES.

GAMMES MAJEURES.

GAMMES MINEURES.

GAMMES MAJEURES.

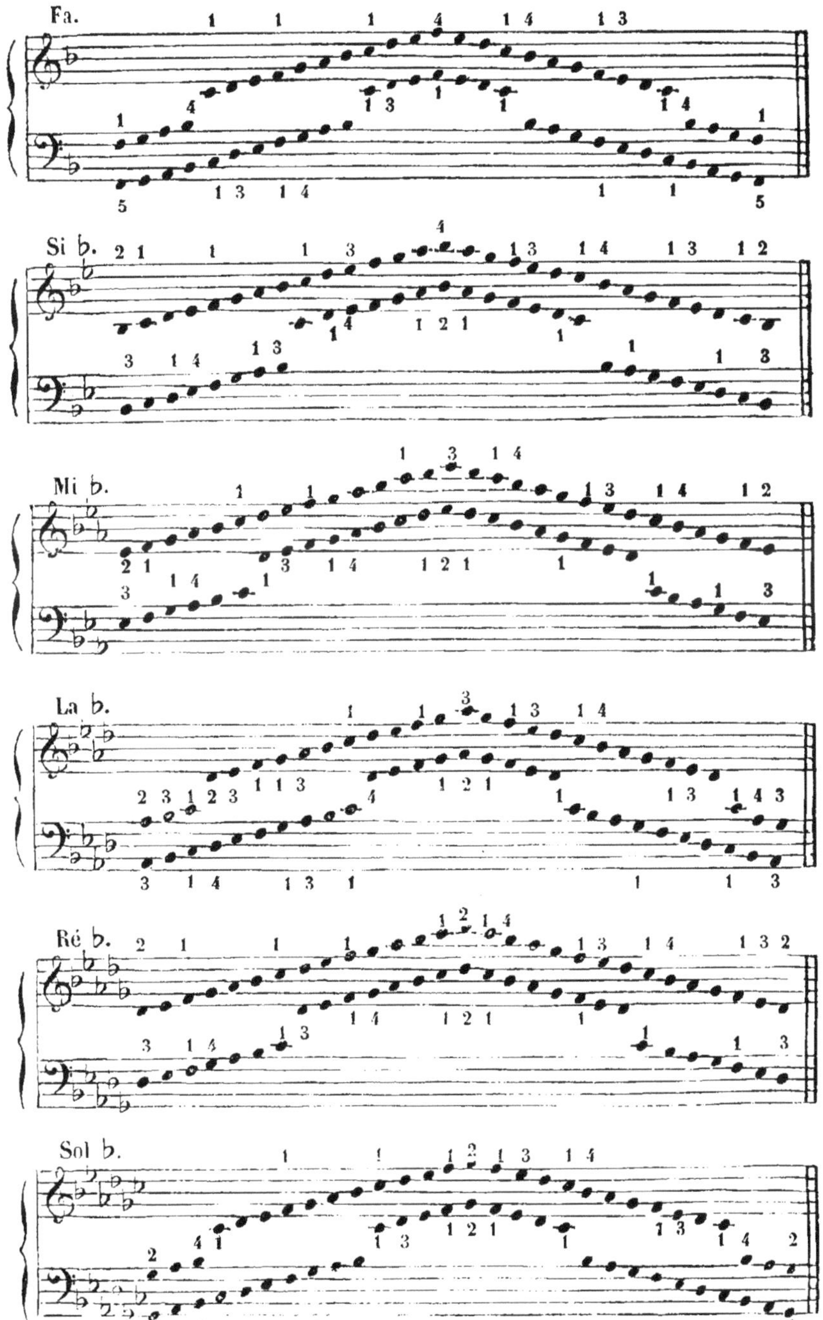

GAMMES MINEURES.

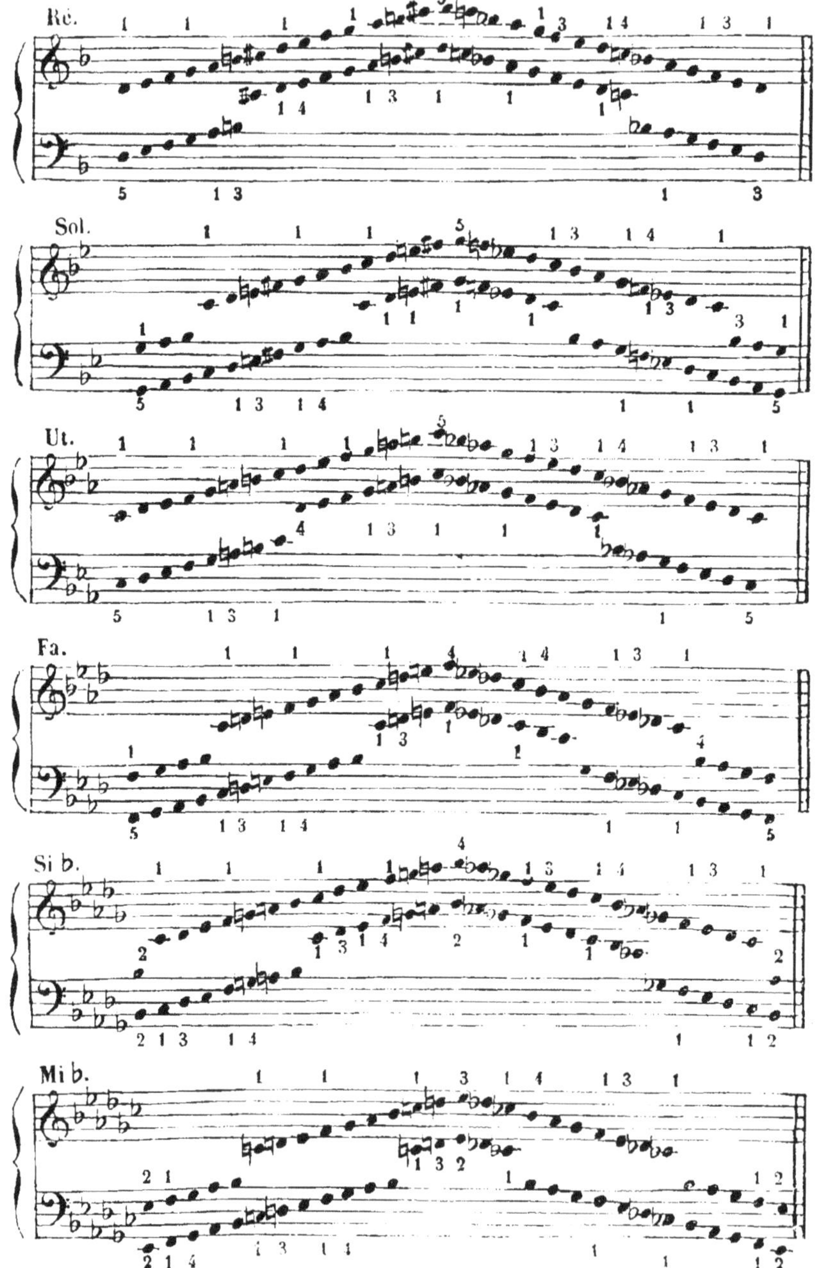

CHAPITRE PREMIER.

DES ACCORDS.

§ 1.

ACCORDS DE TROIS SONS[1].

Parfaits : majeur et mineur,—diminué et augmenté.

Ces accords sont au nombre de quatre : 1° l'accord parfait majeur ; 2° l'accord parfait mineur ; 3° l'accord parfait diminué, et enfin, 4° l'accord parfait augmenté.

Chacun de ces quatre accords est formé de *trois sons* distincts et essentiels.

Le son le plus grave se nomme *fondamental*[2] ; le second, placé immédiatement au-dessus du premier, à une distance de *tierce*, prend ce dernier nom ; et le troisième, également éloigné d'une tierce supérieure du second, se nomme *quinte* ou *dominante*, parce qu'il domine les deux sons inférieurs.

On peut ajouter l'octave supérieure du son fondamental, mais cette

---

(1) Chacun des sons qui forment la GAMME est aussi un intervalle ou *degré* qui prend son numéro d'ordre et son nom d'après la place qu'il occupe dans l'échelle musicale.—Tant que la première octave d'un son donné n'est pas dépassée, les intervalles sont *simples* ; mais ils deviennent *composés* lorsque l'on sort de la limite indiquée. En harmonie, on donne le nom de TONIQUE au premier degré de toute espèce de gamme majeure ou mineure ; celui de SECONDE au second degré ; celui de TIERCE ou *médiante* au troisième degré ; celui de QUARTE ou *sous-dominante* au quatrième degré ; celui de QUINTE ou *dominante* au cinquième degré ; celui de SIXTE au sixième degré ; celui de SEPTIÈME ou *sensible* au septième degré, et enfin celui d'OCTAVE au huitième degré. C'est de ce huitième degré que commence la série des intervalles redoublés qui, en harmonie, ne sont qu'au nombre de trois, savoir : 1° l'OCTAVE, déjà indiquée ; la NEUVIÈME et la DIXIÈME. Ces deux derniers intervalles composés ne sont que la répétition, à l'octave supérieure, de la seconde et de la tierce, intervalles simples situés sur les second et troisième degrés de l'échelle.

(2) On donne aussi le nom de fondamental, et, par imitation, celui de *basse fondamentale* au premier son grave de toute espèce d'accord.

répétition d'un son déjà entendu huit degrés plus bas, ne change ni n'ajoute rien à la qualité de l'accord.

N° 1. L'ACCORD PARFAIT MAJEUR forme donc un groupe de sons d'un effet aussi sonore qu'harmonieux. — Son expression est claire et onctueuse tout à la fois.

On chiffre l'accord parfait majeur par un 5, abréviation arithmétique qui sous-entend toujours un 3 et un 8 (tierce et octave). Cet accord se pose sur les premier, quatrième et cinquième degrés d'une gamme majeure.

Lorsque le ton dans lequel on exécute ne donne pas naturellement l'accord parfait majeur, ce dernier se chiffre alors par un 3 que l'on précède du signe accidentel nécessaire pour rendre la tierce majeure.

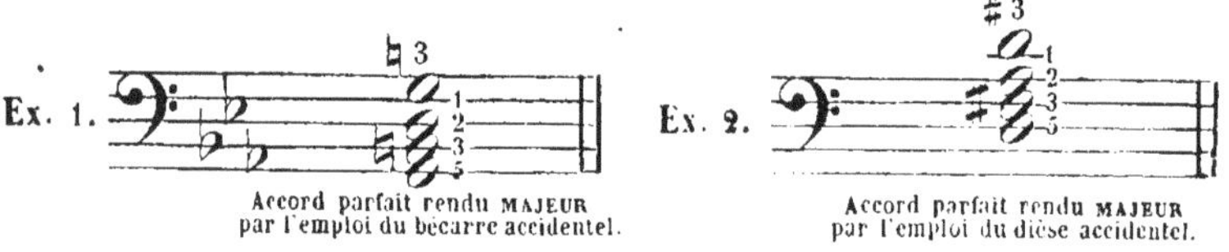

N° 2. L'ACCORD PARFAIT MINEUR, dont l'expression est triste et touchante, ne diffère du précédent que par l'inflection de sa tierce. —Il se chiffre également par un 5, lorsque le ton le donne naturellement mineur. On pose cet accord sur les premier, quatrième et cinquième degrés d'une gamme mineure.

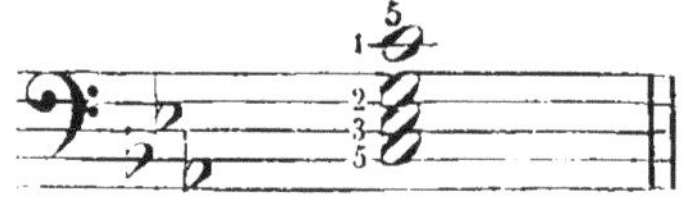

Mais, s'il faut l'obtenir mineur passagèrement, on le chiffre par un 3 précédé du signe altératif nécessaire.

---

(1) Nous ferons observer que, dès notre premier accord *noté*, nous avons indiqué le doigté au moyen de chiffres placés devant chacun des intervalles qui forment et formeront par la suite tous nos différents exemples.

Les lecteurs, en expérimentant sur le clavier d'après nos indications, acquéreront en très peu de temps une très grande facilité dans l'exécution de tous les accords du système.

2

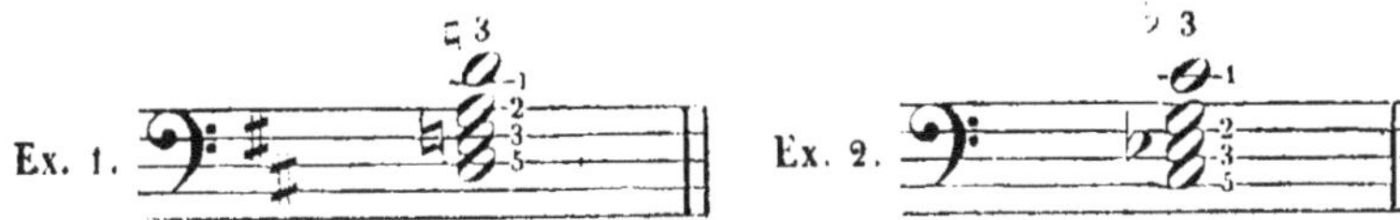

N° 3. L'ACCORD PARFAIT DIMINUÉ OU DE QUINTE DIMINUÉE, au caractère simple et naïf, est un accord parfait mineur dont la quinte est baissée d'un demi-degré (un demi-ton).

On le pose sur la septième note du ton majeur, et sur la seconde note du ton mineur.

Cet accord est composé de son fondamental, tierce mineure, quinte diminuée (d'où lui vient son nom qualificatif), et enfin d'octave (son qui peut ne pas être employé).

On chiffre cet accord par un 5 barré.

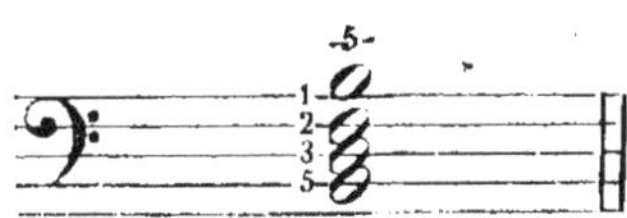

Employé dans le ton majeur, il se résout de suite sur sa tonique naturelle ; mais si c'est dans le ton mineur qu'on le pratique, il doit, avant de conclure à sa tonique naturelle, se résoudre d'abord sur la dominante (portant accord parfait majeur) du ton mineur auquel il appartient.

Dans l'une et l'autre résolution, la *quinte diminuée* supérieure doit toujours descendre d'un demi-degré sur l'accord suivant, parce que la diminution de la quinte rend cet intervalle *dissonnance mixte*, c'est-à-dire un peu dure à l'oreille ; et que, d'après une loi qu'on pourrait appeler celle de la *pesanteur des sons*, toute dissonnance étant *lourde* doit descendre sur un accord consonnant ou doux, afin de faire oublier l'effet peu harmonieux qu'elle a produit.

Résolution en majeur
de l'accord parfait diminué.

Resolution en mineur (le relatif du majeur précédent)
de l'accord parfait mineur diminué.

N° 4. L'ACCORD PARFAIT AUGMENTÉ OU DE QUINTE AUGMENTÉE, à l'expression incisive et fière, est un accord parfait majeur dont on augmente la quinte au moyen du dièse ou du bécarre (suivant le ton dans lequel on l'emploie). Cet accord est composé de son fondamental, tierce majeure, quinte augmentée et d'octave (intervalle composé non important).

On chiffre cet accord par un 5 précédé d'une petite croix, ou du signe accidentel nécessaire pour produire l'augmentation de la quinte.

Il est essentiel de faire entendre d'abord l'accord parfait majeur (avec quinte juste) sur le même degré de basse où l'on pratiquera de suite l'accord de quinte augmentée. — Par cette préparation, on diminue de beaucoup l'effet âpre de cet accord; et même son audition y gagne essentiellement sous le rapport de l'effet tout particulier qui lui est propre.

On remarquera que les deux quintes successives, la juste et l'augmentée, sont et doivent toujours être confiées à la *même* voix ou partie.

Cet accord qui, trop souvent employé, jetterait de la monotonie dans l'économie harmonique, se pose ordinairement sur la tonique ou la dominante des *seuls* tons majeurs; mais, dans l'un ou l'autre cas, on ne doit le résoudre, lorsque la basse monte de quatre ou descend de cinq degrés, que sur un accord parfait majeur; car si l'on terminait en mineur, il y aurait une résolution fautive produisant un non-sens à l'oreille. Exemple :

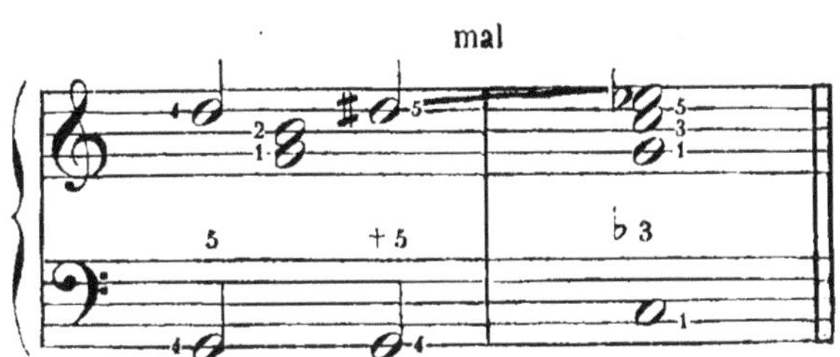

Même exemple rectifié :

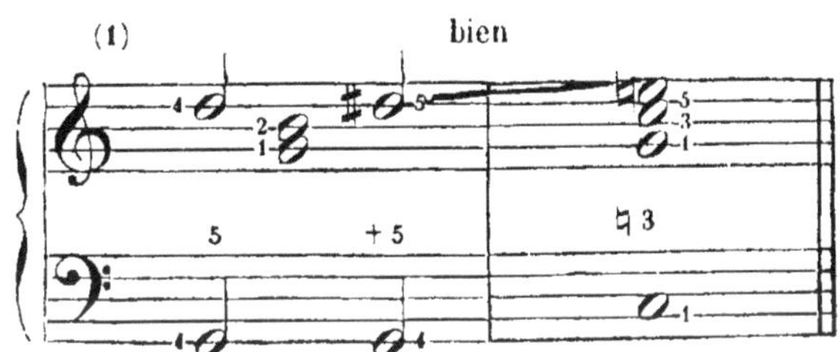

La résolution du *ré* ♯ sur le *mi* ♭ est fautive, parce que ces deux notes sont identiques sur le piano, et que, dans ce cas, le double emploi d'un même son, quoique enharmonique, ne produit sur les instruments à clavier aucune sensation nouvelle, tandis que, dans l'exemple rectifié, le passage du *ré* ♯ au *mi* ♮ est très senti, parce que l'audition successive de ces deux sons donne en quelque sorte au premier la qualité et le charme mélodique naturel à toute note sensible qui se résout toujours en montant d'un demi-degré.

---

(1) Catel, dans son Traité d'Harmonie, ne considère cet accord que comme une *altération* passagère de l'accord parfait majeur.

§ 2.

PREMIERS ACCORDS DE QUATRE SONS, AU NOMBRE DE DEUX.

1° Sixte augmentée avec quinte juste.

2° Sixte augmentée avec quarte augmentée [1].

1° L'ACCORD DE SIXTE AUGMENTÉE AVEC QUINTE JUSTE a beaucoup de solennité ; il se pose sur le quatrième degré du ton majeur et sur le sixième degré du ton mineur relatif. Sa résolution, dans ces deux positions, a lieu régulièrement sur la dominante portant tierce majeure, et cette dernière conclut sur la tonique mineure.

Cet accord est composé de son fondamental, tierce majeure, quinte juste et sixte augmentée.

On le chiffre ainsi : † 6.

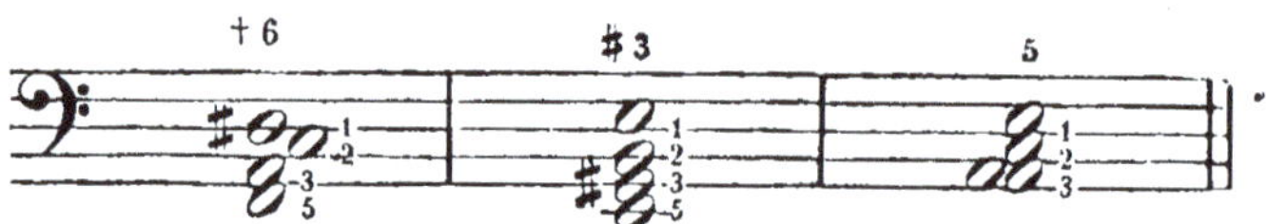

2° L'ACCORD DE SIXTE AUGMENTÉE AVEC QUARTE AUGMENTÉE a plus de douceur que le précédent.

Il est composé de son fondamental, tierce majeure, quarte augmentée et sixte augmentée. Il se pose également sur le quatrième degré du ton majeur et sur le sixième degré du ton mineur. Sa résolution est identique à celle du précédent, et on le chiffre ainsi : $+\frac{6}{4}$

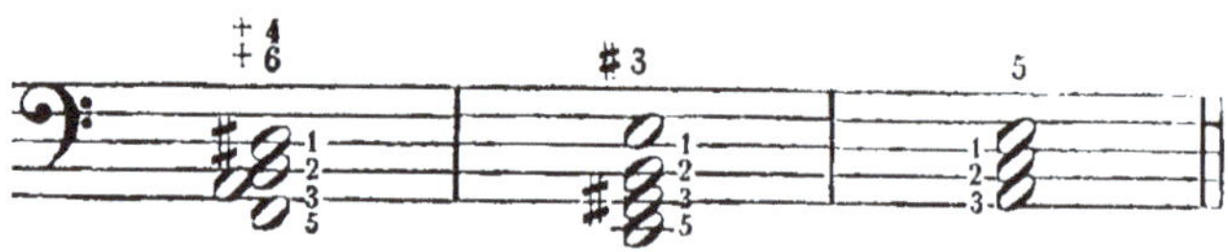

---

(1) Catel, dans son Traité d'Harmonie, ne considère ces deux accords que comme une altération passagère de la *sixte majeure*, pour le premier, et de la sixte majeure du second renversement de la quinte diminuée pour le second. (Voir l'ouvrage de ce didacticien.)

§ 3.

SUITE DES ACCORDS DE QUATRE SONS.

Différents accords de septièmes, au nombre de sept.

1° **SEPTIÈME DE PREMIÈRE ESPÈCE OU SEPTIÈME DOMINANTE.**—
Ainsi appelée parce que cet accord se pose sur la dominante des deux
modes majeur et mineur. Cette septième est composée de son fondamental, tierce majeure, quinte juste et septième mineure. On chiffre
ainsi : $\frac{7}{3}$, ou $\frac{7}{+}$ (1) (ancienne méthode).

Lorsque la tierce n'est pas donnée *majeure* par la tonalité générale,
on précède le chiffre 3 du signe altératif nécessaire pour augmenter
d'un demi-ton la tierce qu'il représente. La résolution régulière de cet
accord a lieu sur la tonique de deux modes synonymes, et son expression est noble et grandiose. Exemple :

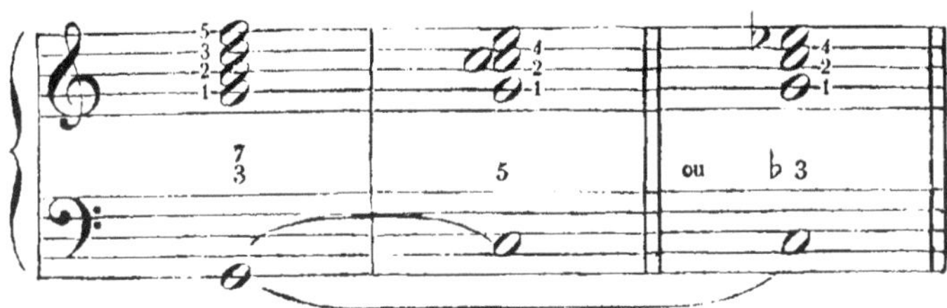

NOTA. On supprime ordinairement la quinte de cet accord, et
on la remplace, à la main droite, par la répétition à l'octave du son
fondamental. Exemple :

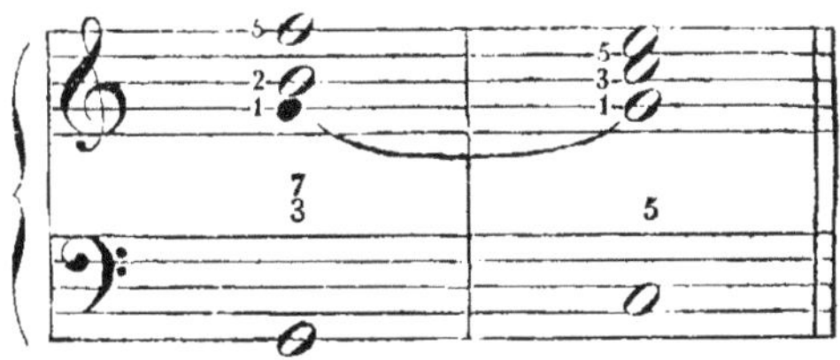

---

(1) Catel chiffre cet accord soit par un 7 simple, soit par un 7 sous lequel
une petite croix est placée : $\frac{7}{+}$. La croix, indiquant l'augmentation du chiffre
qu'elle précède ou sous-entend, est à tort attribuée au 3 qui ne doit repré-
senter dans l'accord de septième dominante que la tierce *majeure*.

Plus loin on verra aussi que Catel barre souvent certains chiffres afin de les
rendre, non pas *diminués*, ce qui serait exact (la barre indiquant la diminution
du chiffre qu'elle traverse), mais bien mineur ; ce qui n'est pas rationnel.

2° Septième dominante avec quinte augmentée. — Cet accord se pose sur la dominante du *seul* ton majeur, et c'est sur lui qu'il se résout. Il est composé de son fondamental, tierce majeure, quinte augmentée et septième mineure. On le chiffre ainsi : $+\overset{7}{5}$.

Avant de pratiquer cette septième, il faut la faire entendre d'abord avec sa quinte *juste*, en ayant soin d'éloigner la quinte augmentée qui l'exprime d'un intervalle de six degrés supérieurs à la septième mineure de l'accord. Cette précaution est prise afin d'éviter le choc trop dur de tierce diminuée que produiraient les deux intervalles précités. Exemple :

Même exemple rectifié :

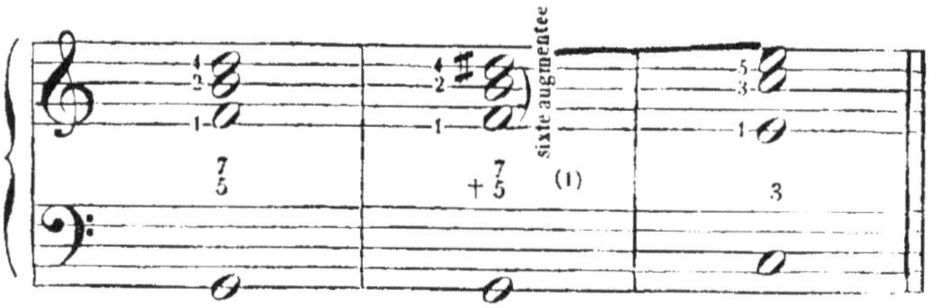

Cet accord est d'un effet très pathétique.

3° Septième de seconde espèce, presque identique à la septième dominante, mais en différant pourtant par sa tierce qui est *mineure*; cet accord, d'une expression très douce, est composé de son fondamental, tierce *mineure*, quinte juste et septième mineure. On le pose sur le second degré du ton majeur ou sur le quatrième degré du ton mineur relatif.

Il se résout sur la dominante ou la septième dominante du même

____

(1) Catel, ne considère cet accord que comme une altération passagère de la quinte de la septième dominante.

ton pour conclure ensuite sur la tonique majeure elle-même. On le chiffre ainsi : $\frac{7}{5}$. (¹)

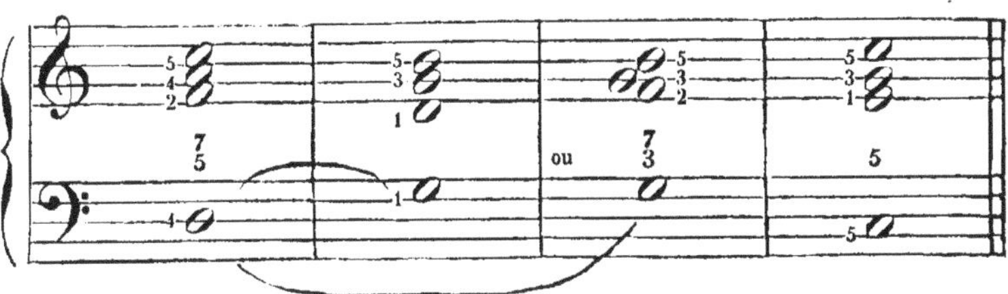

4° SEPTIÈME DE TROISIÈME ESPÈCE, ne différant du précédent que par sa quinte qui, au lieu d'être juste ou parfaite, est diminuée ; cet accord se pose sur le second degré du *seul* ton mineur, et sa résolution se fait sur la dominante ou la septième dominante du même ton, avant de conclure à la tonique.

Il est composé de son fondamental, tierce mineure, quinte *diminuée* et septième mineure. On le chiffre ainsi : $\frac{7}{5}$.

L'expression de cet accord est très mélancolique.

5° SEPTIÈME DE QUATRIÈME ESPÈCE OU SEPTIÈME MAJEURE. — Cet accord semblable à celui de septième dominante, dont il ne diffère que

---

(1) Dans son Traité, Catel donne à cet accord le nom de *prolongation* de la tonique sur l'accord parfait mineur du second degré de cette même tonique. Cette considération est fausse, car il ne peut y avoir prolongation ou retard dissonnant, du moment que l'accord produit par ce retard est constitué comme celui de septième de seconde, de son fondamental, tierce, quinte et septième.

(2) Catel confond cette septième avec celle de septième *sensible*, parce que l'une et l'autre sont formées des mêmes intervalles. On verra plus loin que ces deux accords diffèrent essentiellement par la résolution attribuée à chacun d'eux.

par sa septième qui est *majeure,* se pose sur le quatrième degré du ton majeur, et sur le sixième degré du ton mineur relatif. Il est composé de son fondamental, tierce majeure, quinte juste et septième *majeure.*

Il se chiffre par un 7 simple ou par le même chiffre précédé du signe nécessaire, afin de rendre *majeure* la septième, lorsque la tonalité générale ne la donne pas ainsi naturellement.

Sa résolution a lieu sur la septième de troisième espèce qui, à son tour, se résout sur la septième dominante pour conclure enfin sur la tonique mineure naturelle. On l'écrit à cinq parties.

L'expression de cet accord est pleine d'âpreté.

6° SEPTIÈME DE SENSIBLE.—Cet accord, ainsi appelé parce qu'il se pose sur la sensible du *seul* ton majeur, est identique à celui de septième de troisième espèce, quant aux intervalles qui les forment l'un et l'autre, mais il en diffère essentiellement par sa résolution qui a lieu immédiatement sur la tonique majeure. On le chiffre ainsi : $\frac{7}{-5-}$

NOTA. L'effet de cet accord est très caressant. Ordinairement, on

---

(1) C'est encore comme une *prolongation* que Catel considère cet accord. Selon ce didacticien, la septième majeure ne serait autre chose que le retard de la tierce de la tonique sur l'accord parfait majeur du quatrième degré de cette même tonique. En poussant ce système jusque dans ses dernières conséquences, il résulterait qu'en harmonie la dissonance réelle n'existe pas, ce qui est insoutenable.

supprime la tierce de l'accord, et on l'exécute alors à trois **parties** seulement.

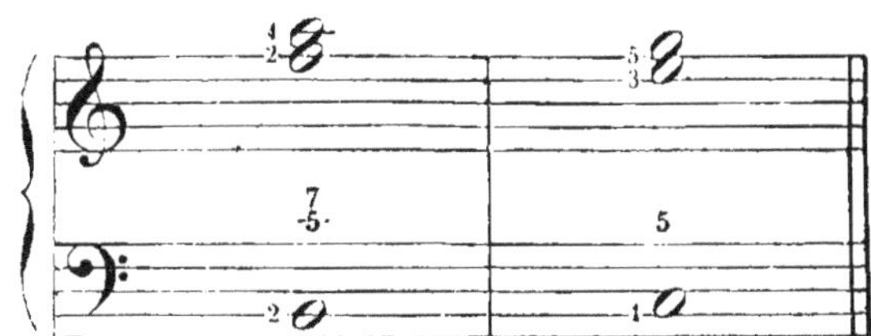

7° SEPTIÈME DIMINUÉE.—Cet accord, qui ne diffère du précédent que par sa septième *diminuée*, est composé de son fondamental, tierce mineure, quinte et septième diminuées. Il se pose sur la sensible du ton mineur, et se résout sur la tonique en montant naturellement d'un demi-ton. On le chiffre ainsi : 7.

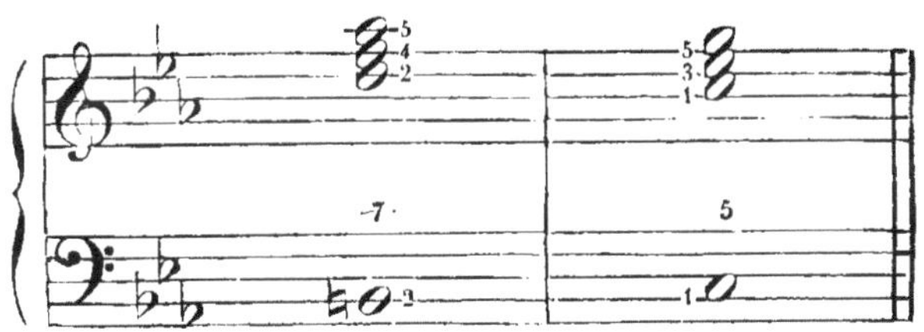

L'expression de cet accord est d'une très grande tristesse.

§ 4.

ACCORDS DE CINQ SONS, AU NOMBRE DE DEUX.

1° Neuvième dominante majeure.—2° Neuvième dominante mineure.

1° En ajoutant une tierce majeure supérieure à la septième mineure de l'accord de septième dominante, on obtient l'accord de NEUVIÈME DOMINANTE MAJEURE.

Cet accord est composé de son fondamental, tierce majeure, quinte juste, septième mineure et neuvième majeure. Sa résolution a lieu, soit sur la septième dominante (en répétant le son fondamental de la neuvième), soit sur la tonique majeure elle-même. On chiffre ainsi cet accord : $\frac{9}{3}$ ou $\flat\frac{9}{3}$, ou $\sharp\frac{9}{3}$, ou enfin $\flat\frac{\natural 9}{3}$, ou $\sharp\frac{9}{3}$ suivant qu'il est besoin de rendre accidentellement *majeure* la tierce ou la neuvième, ou l'une et l'autre simultanément.

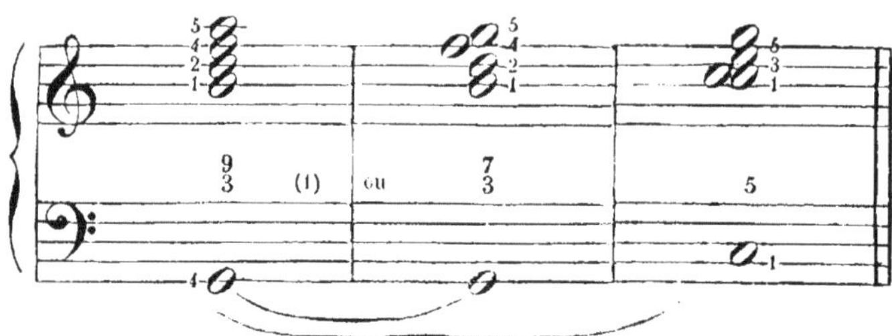

Ecrite à quatre parties, on supprime la quinte de la neuvième.

L'expression de cet accord est très fière.

2° NEUVIÈME MINEURE, identique au précédent accord, dont il ne diffère que par sa neuvième qui est mineure; celui-ci est composé de son fondamental, tierce majeure, quinte juste, septième et neuvième mineures. On le chiffre ainsi ou (suivant le ton).

Il a les deux résolutions du précédent.

A quatre parties, on supprime la quinte de l'accord. L'expression de la neuvième mineure est très douloureuse.

OBSERVATION IMPORTANTE.

Le lecteur a dû remarquer que, dans les accords de quinte diminuée, dans tous ceux de septième et de neuvième, le son le plus élevé, celui

---

(1) Catel chiffre ainsi cet accord $\frac{9}{7}$.

(2) Le même didacticien chiffre aussi la neuvième mineure de cette manière : ♭$\frac{9}{7}$ ou ♮$\frac{9}{7}$

qui donne enfin à l'accord sa physionomie particulière par **excellence**, qui, en quelque sorte, en est la tête, descend toujours d'un degré sur la note qui le suit immédiatement, et qui est consonnante à l'accord résolutif.

Le contraire a toujours lieu à l'égard des accords augmentés; ainsi, ceux de *sixtes augmentées* avec *quinte juste* ou *quarte augmentée*, et ceux de *quinte augmentée* simple ou de septième avec *quinte augmentée*, ceux-là exigent impérieusement que la note qui les distingue monte d'un demi-degré sur la consonnance de l'accord vers lequel ils gravitent.

Cette observation doit être méditée, afin d'éviter aux accompagnateurs la faute la plus reprochable qu'ils pourraient commettre s'ils oubliaient un seul instant que : « toute dissonnance *non augmentée* doit toujours descendre, tandis que toute dissonnance augmentée doit monter, afin d'être régulièrement résolues l'une et l'autre ».

CHAPITRE SECOND.

DES RENVERSEMENTS DES ACCORDS.

§ 1.

Des renversements en général.

Chacun des sons qui concourent à former un accord quelconque peut être placé à la basse, aux lieu et place du son fondamental lui-même.

Lorsque c'est la tierce qu'on pose à la basse, le premier renversement a lieu.

Lorsque c'est la quinte, elle produit le second renversement.

Lorsque c'est la septième, le troisième renversement s'effectue.

Et enfin, lorsque l'on fait entendre la neuvième à la basse, c'est le quatrième renversement qui est produit.

D'après ce qui vient d'être exposé, les accords de trois sons ont deux renversements.

Ceux de quatre sons en ont trois.

Et ceux de cinq sons en ont quatre. Ces derniers, à cause de leur dureté, sont peu ou point usités.

Quant aux accords de sixtes augmentées avec quinte juste ou quarte augmentée, ils n'ont qu'un seul renversement assez peu usité, ainsi qu'on le verra dans la section qui en traite.

Le déplacement du son fondamental, ou la position successive à la basse de chacun des sons constitutifs des accords, en renversant les intervalles primitifs de ces mêmes accords, change leur nom, et exige des chiffres correspondants pour les exprimer.

§ 2.

Accords — renversements de sixte, de sixte et quarte (dérivés des quatre accords de trois sons.)

Le premier renversement des accords parfaits majeur et mineur, diminué et augmenté, est composé de tierce, sixte et octave, que l'on remplace toujours par la sixte ou la tierce répétée soit à l'octave, soit à l'unisson.

On chiffre ainsi ce renversement : 6.

Nᵒˢ 1 et 2. — Accords parfaits majeur et mineur.

Pour obtenir le premier renversemeut de l'accord parfait mineur, on bémolise ou bécarrise la tierce posée à la basse ; à moins que le ton ne donne naturellement mineure cette tierce.

Quoiqu'on ne pose qu'un seul 6, il est bien convenu que le chiffre 3 (indicateur de la tierce) est sous-entendu.

Nᵒ 3. ACCORD DE QUINTE DIMINUÉE. — Il y a quatre positions différentes à donner aux notes supérieures.

Dans ce renversement, on ajoute le chiffre 3 au 6 (indicateur de la sixte), afin de le distinguer de celui des accords parfaits majeur et mineur.

N° 4. ACCORD DE QUINTE AUGMENTÉE.—Il y a également quatre positions différentes à donner aux notes supérieures.

Le dièse qui précède le chiffre 3 est remplacé par un bécarre dans les tons bémolisés suivants: — *mi*, *la*, *ré*, *sol* et *ut*.

Le SECOND RENVERSEMENT des quatre accords de trois sons est composé de *quarte*, *sixte* et *octave*.

On chiffre ainsi ce renversement: $\frac{6}{4}$.

N° 1. Accord parfait majeur.   N° 2. Accord parfait mineur.

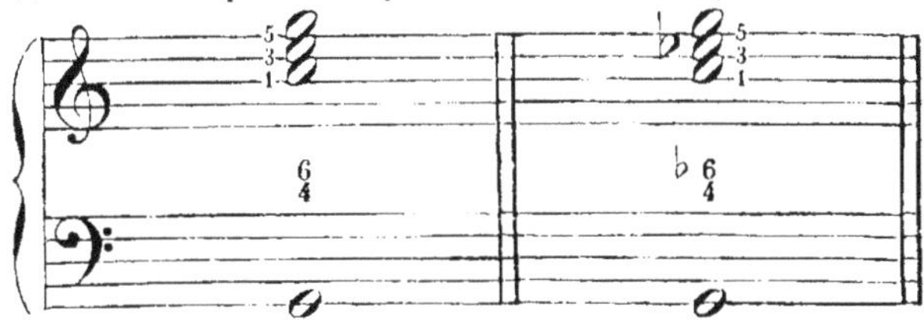

---

(1) Catel chiffre ainsi ce renversement: +6. L'emploi de la croix devant le 6 est inexact, attendu que ce signe indique toujours *augmentation*, et que, dans l'espèce, il n'y a qu'une sixte *majeure* du son de la basse à la partie supérieure extrême.

(2) Le même auteur ne considère ce renversement que comme une *altération* passagère de la tierce de l'accord parfait majeur.

N° 3. ACCORD DE QUINTE DIMINUÉE.

Il a déjà été dit que la croix, placée devant un chiffre, augmentait la note que ce même chiffre représente; donc, dans le cas présent, c'est la note *si* qui, par sa position supérieure, forme avec la basse l'intervalle de quarte *augmentée*.

N° 4. ACCORD DE QUINTE AUGMENTÉE.

Le chiffre 4 est barré afin d'indiquer la *diminution* de l'intervalle de quarte qu'il représente.

§ 3.

Accord — renversements de quinte, septième et dixième diminuées; unique renversement de l'accord de sixte augmentée avec quinte juste. — Accord — renversements de quarte augmentée, sixte mineure et dixième diminuée, unique renversement de l'accord de sixte et quarte augmentée (dérivés des deux premiers accords de quatre sons).

Pour pratiquer l'*unique* renversement des deux accords de sixte augmentée avec quinte juste, et de sixte et quarte augmentées, l'on place le son fondamental dans une partie aiguë (la plus élevée est choisie de préférence), et la sixte augmentée supérieure se fait entendre à la basse, ce qui produit un écartement de dixième; car, si ces deux intervalles (le son fondamental et la sixte augmentée) étaient rapprochés à la *seule* distance de tierce *diminuée*, l'accord serait d'une dureté insupportable [1].

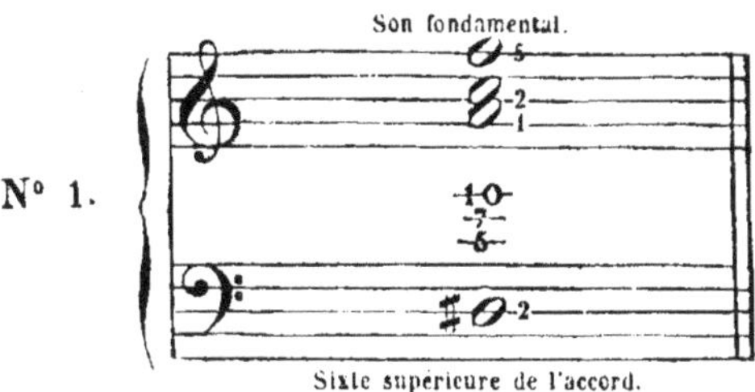

Lorsque la dixième a besoin d'être accidentellement baissée d'un demi-ton, on la précède du bécarre ou du bémol nécessaire. **Cette** précaution doit être prise aussi à l'égard de l'exemple suivant :

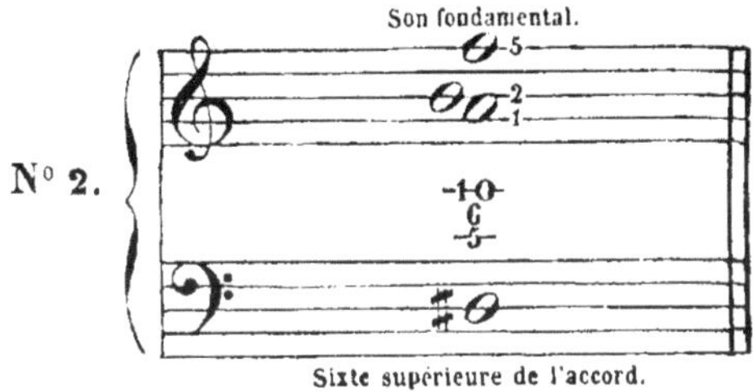

§ 4.

Accords — renversements de tierce, sixte et quinte ; — tierce, quarte et sixte ; — seconde, quarte et sixte ; — dérivés des sept accords de septième. Seconde série des accords de quatre sons.

N° 1. Septième dominante. — Le premier renversement est composé de tierce mineure (non chiffrée), de quinte diminuée et de sixte mineure. — Il se chiffre ainsi : $\frac{6}{5}$.

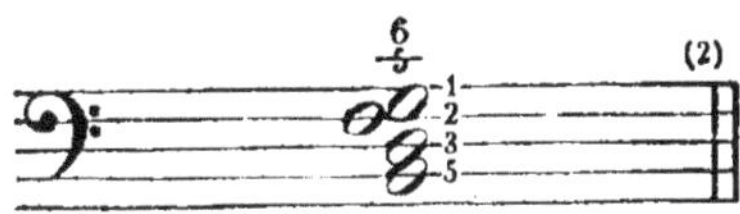

---

(1) Catel, dans son Traité, passe sous silence les deux renversements uniques qui nous occupent.

(2) Catel donne à ce renversement le nom d'accord de sixte et quinte diminuée.

Le second renversement est composé de tierce mineure, quarte juste et sixte majeure (non chiffrée). On le chiffre ainsi : $\frac{4}{3}$.

Le troisième renversement est composé de seconde majeure, quarte augmentée et sixte majeure (non chiffrée). On le chiffre ainsi : $^{+}\frac{4}{2}$.

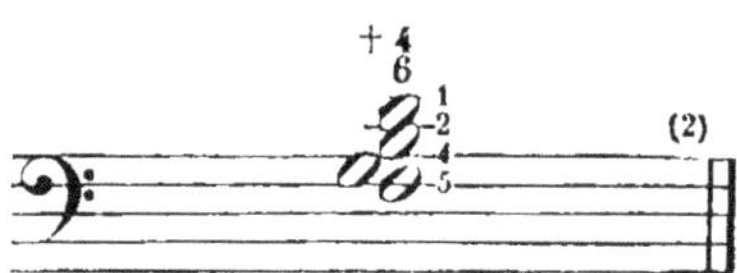

N° 2. SEPTIÈME DOMINANTE AVEC QUINTE AUGMENTÉE. —Le premier renversement est composé de quinte diminuée, sixte mineure et dixième majeure :—Il se chiffre ainsi : $\sharp 1 0 \frac{6}{5}$.

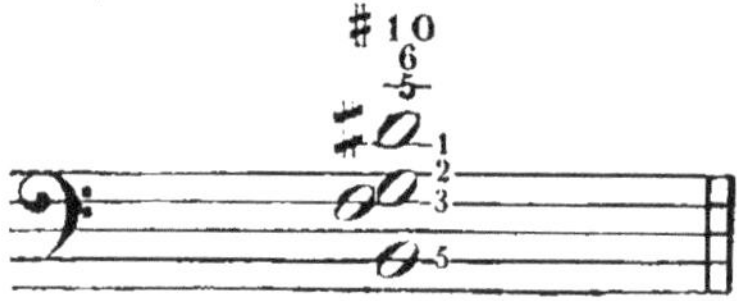

Le second renversement est composé de quarte diminuée, sixte mineure et dixième diminuée. Il se chiffre ainsi : $\natural 10 \frac{6}{4}$ ou $\flat 10$ (suivant le ton).

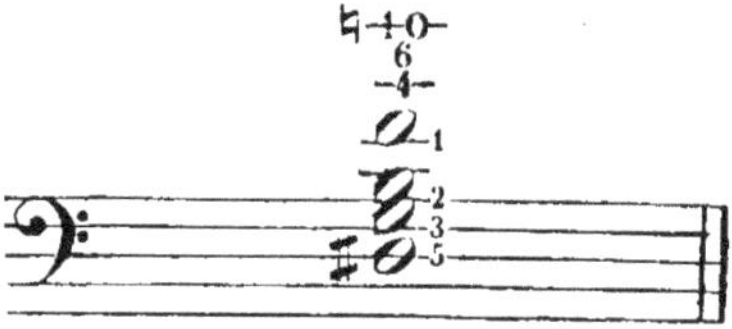

Le troisième renversement est composé de seconde majeure, quarte et sixte augmentées. —Il se chiffre ainsi : $^{+6}_{+4}{}_{2}$.

---

(1) Catel, qui désigne ce renversement sous le nom de *sixte sensible*, le chiffre à tort soit par $\frac{+}{4}_{3}$ ou par $+6$.

(2) A cause des *trois tons* dont il est formé, Catel appelle ce renversement l'accord de *triton*, et il le chiffre ainsi : $+4$ ou $\frac{+}{2}$

C'est afin d'éviter l'intervalle de tierce diminuée que produirait le rapprochement de la quinte *augmentée* et de la septième *mineure* de l'accord, que les intervalles de sixte augmentée et de dixième majeure et diminuée sont indiqués par des chiffres spéciaux.

N° 3. SEPTIÈME DE SECONDE ESPÈCE. —Le premier renversement est composé de tierce majeure, quinte juste et sixte majeure. On le chiffre ainsi : ⁶₅.

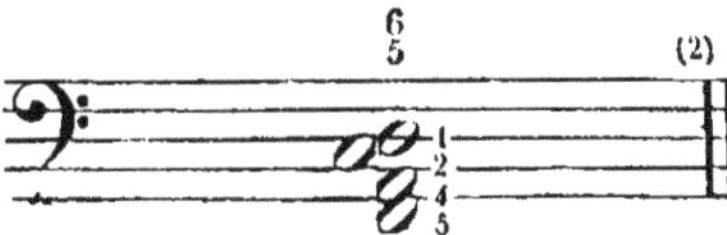

Le second renversement est composé de tierce mineure, quarte juste et sixte mineure. On le chiffre ainsi : ⁶₄₃.

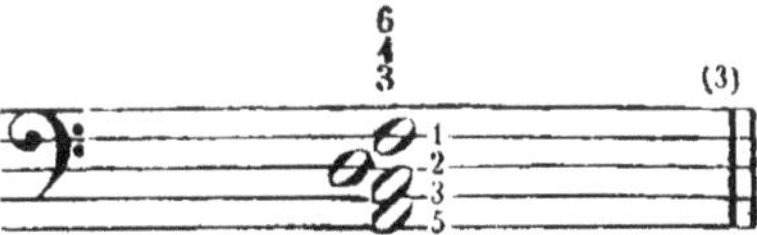

Le troisième renversement est composé de seconde majeure, quarte juste et sixte majeure (non chiffrée). On le chiffre ainsi : ⁴₂.

N° 4. SEPTIÈME DE TROISIÈME ESPÈCE. —Le premier renversement

---

(1) Cet accord et ses renversements ne sont considérés par Catel que comme une altération passagère de la quinte de la septième dominante.

(2) Catel appelle ce renversement l'accord de *sixte et quinte.*

(3) C'est sous le nom d'accord de *petite sixte* que Catel désigne ce renversement.

(4) Catel donne le nom d'*accord de seconde* à ce renversement.

est composé de tierce mineure, quinte juste et sixte majeure. On le
chiffre ainsi : $\frac{6}{5}$.

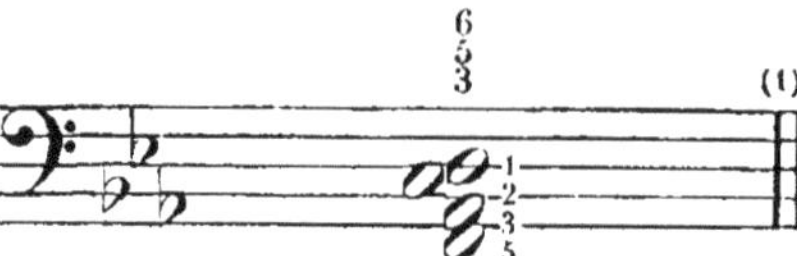

NOTA. Si la tierce n'est pas donnée mineure par le ton principal,
on précède le chiffre 3 du signe altératif nécessaire.

Le second renversement est composé de tierce majeure quarte augmentée et sixte majeure. On le chiffre ainsi : $+\frac{6}{4}$.

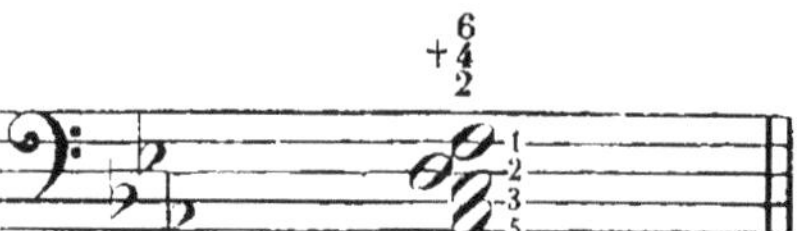

Le troisième renversement est composé de seconde majeure, quarte
juste et sixte mineure. On le chiffre ainsi : $\frac{6}{4}$.

NOTA. On précède le 6 du bécarre ou du bémol nécessaire,
lorsque la sixte n'est pas donnée *mineure* par le ton principal.

N° 5. SEPTIÈME DE QUATRIÈME ESPÈCE. — Cet accord, si peu employé à l'état direct, l'est encore moins à l'état de renversements ;
cependant, comme on peut tirer de beaux effets instantanés de leur
emploi, nous dirons que le premier renversement est composé de
tierce mineure, quinte juste et sixte mineure. Il se chiffre ainsi : $\frac{6}{5}$.

---

(1) Chiffré ainsi par Catel : $+\frac{6}{5}$, ce renversement est désigné dans son
Traité sous le nom d'*accord de quinte et sixte.*

(2) C'est encore sous le nom très peu explicatif d'*accord de seconde* que
Catel désigne ce renversement, que, du reste, il chiffre ainsi : 2.

Le second renversement (le plus à effet des trois) est composé de tierce majeure, quarte juste et sixte majeure. Il se chiffre $\frac{6}{4}$.

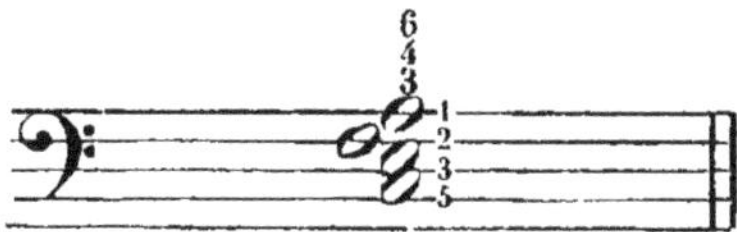

Le troisième renversement est composé de seconde *mineure*, quarte juste et sixte mineure. Il se chiffre ainsi : $\frac{6}{4}$.

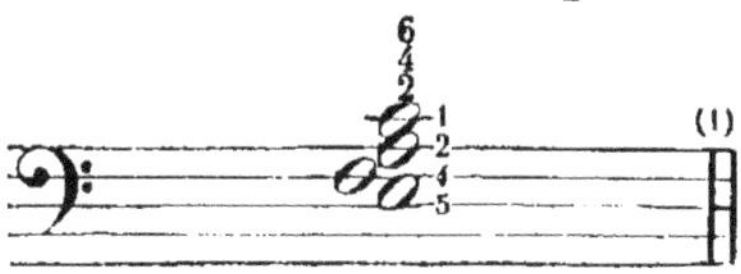

NOTA. Lorsque la seconde n'est pas donnée *mineure* par le ton principal, on précède le chiffre 2 du signe accidentel nécessaire.

N° 6. SEPTIÈME DE SENSIBLE. — L'état direct, les renversements, et la manière de chiffrer l'un et les autres étant identiques à ceux de la *septième de troisième espèce*, nous renvoyons nos lecteurs, afin d'éviter d'inutiles répétitions, aux articles qui traitent de cet accord (p. 22 et 35).

Rappelons toutefois que la résolution naturelle à chacun de ces deux accords est absolument différente, puisque la septième de sensible se résout de suite à sa tonique naturelle, tandis que la septième de troisième espèce se résout sur l'accord de septième dominante du ton mineur auquel elle appartient, avant de conclure sur la tonique mineure elle-même [2].

N° 7. SEPTIÈME DIMINUÉE. — Le premier renversement est composé de tierce mineure (non chiffrée), de quinte diminuée et sixte majeure. Il se chiffre ainsi : ou (suivant le ton).

---

(1) Fidèle à son système de retard, à propos de dissonnances si réelles, Catel ne considère ces renversements, ainsi que l'état direct de l'accord, que comme des *retards* de la tierce de l'accord parfait majeur sur celui du quatrième degré du ton principal.

(2) Voir nos remarques sur le Traité de Catel, à l'article de la septième de troisième espèce, accord identique, selon ce didacticien, à celui de septième sensible; ce qui est erroné quant à la résolution respective de ces deux accords.

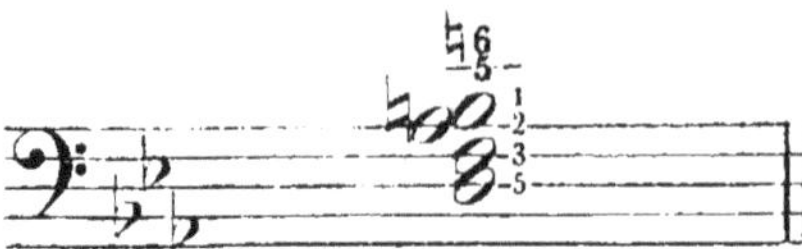

Le second renversement est composé de tierce mineure, quarte augmentée et sixte majeure. On le chiffre ainsi : +$\frac{6}{4}$.

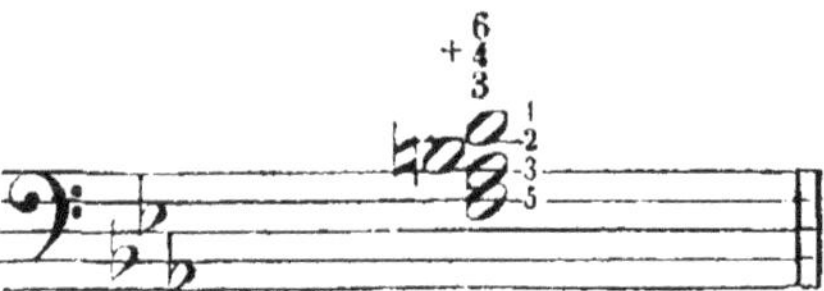

Le troisième renversement est composé de seconde augmentée,
quarte augmentée et sixte majeure (non chiffrée). Il se chiffre ainsi :
+$\frac{4}{2}$.

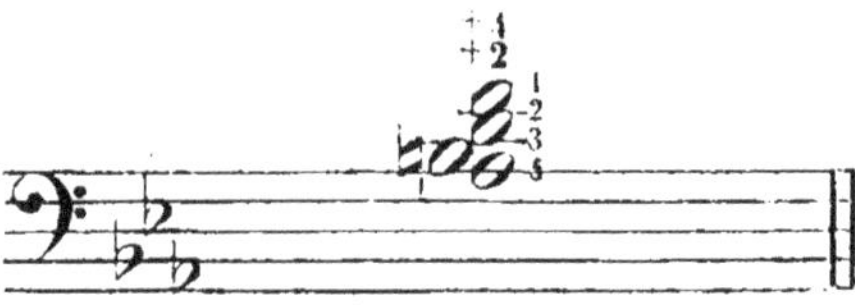

§ 5.

Accords—renversements de quinte, sixte et septième;—de tierce, quarte,
quinte et sixte;—de seconde, tierce, quarte augmentée et sixte;—de
seconde, quarte sixte et septième mineure;—dérivés de deux accords de
neuvième majeure et mineure (seuls accords de cinq sons).

N° 1. ACCORD DE NEUVIÈME MAJEURE.—Le premier renversement
est composé de tierce mineure, quinte diminuée, sixte mineure et
septième mineure. Il se chiffre ainsi : $\frac{7}{\frac{6}{\frac{5}{3}}}$.

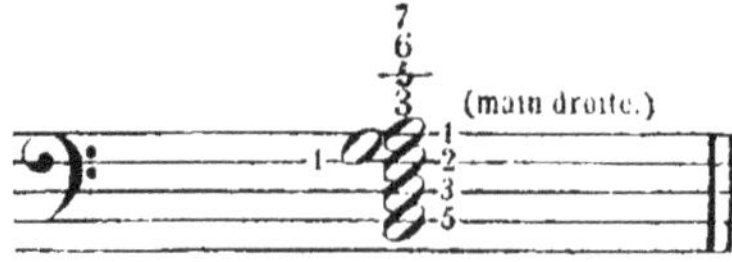

Le second renversement est composé de tierce mineure, quarte
juste, quinte juste et sixte majeure. Il se chiffre ainsi : $\frac{6}{\frac{5}{\frac{4}{3}}}$

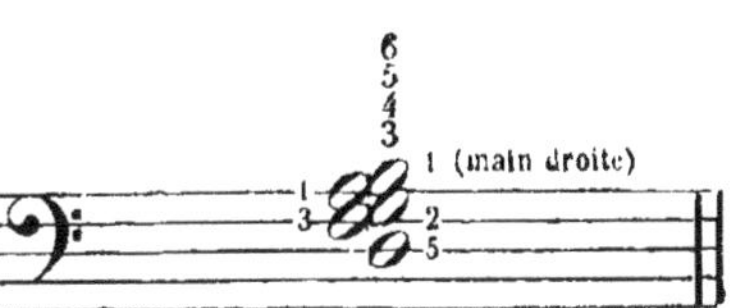

Le troisième renversement est composé de seconde majeure, tierce mineure, quarte augmentée et sixte majeure. Il se chiffre ainsi : $+\begin{smallmatrix}6\\4\\3\\2\end{smallmatrix}$.

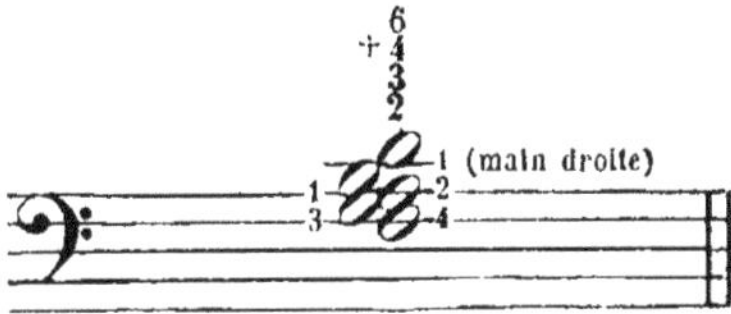

Le quatrième renversement est composé de seconde majeure, quarte juste, sixte mineure et septième mineure. Il se chiffre ainsi : $+\begin{smallmatrix}7\\6\\4\\3\\2\end{smallmatrix}$

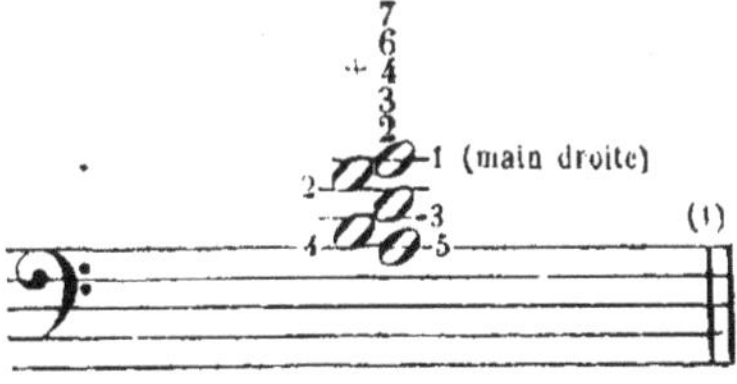

NOTA. Ces quatre renversements sont si dissonnants qu'on ne les emploie que très rarement.

N° 2. NEUVIÈME MINEURE. Le premier renversement est composé de tierce mineure, quinte diminuée, sixte mineure et septième diminuée. Il se chiffre ainsi : $\begin{smallmatrix}\overline{7}\\6\\\overline{5}\\3\end{smallmatrix}$

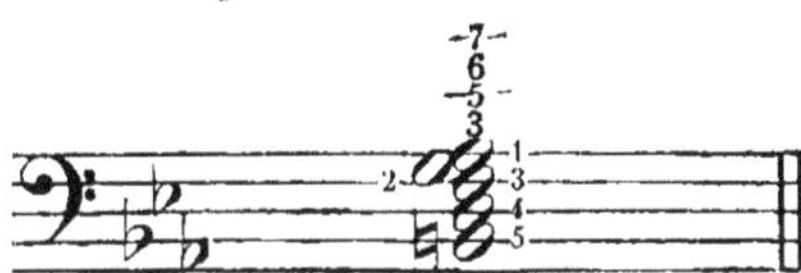

Le second renversement est composé de tierce mineure, quarte juste, quinte diminuée et sixte mineure. Il se chiffre ainsi : $\begin{smallmatrix}6\\\overline{5}\\4\\3\end{smallmatrix}$

---

(1) Catel ne mentionne pas ce quatrième renversement.

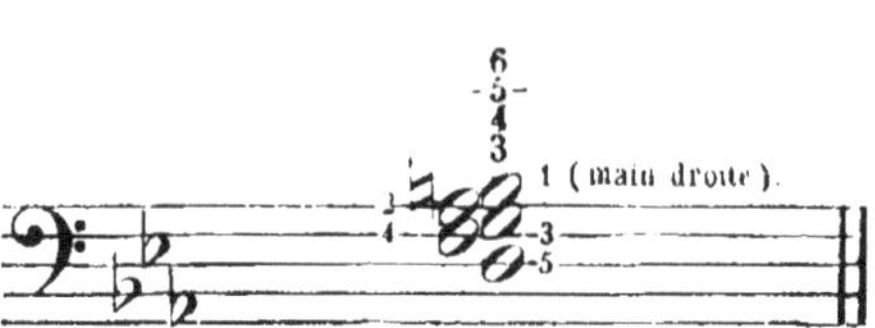

NOTA. Suivant le ton, on précède la sixte d'un dièse au lieu du bécarre.

Le troisième renversement est composé de seconde majeure, tierce mineure, quarte augmentée et sixte majeure. Il se chiffre ainsi :

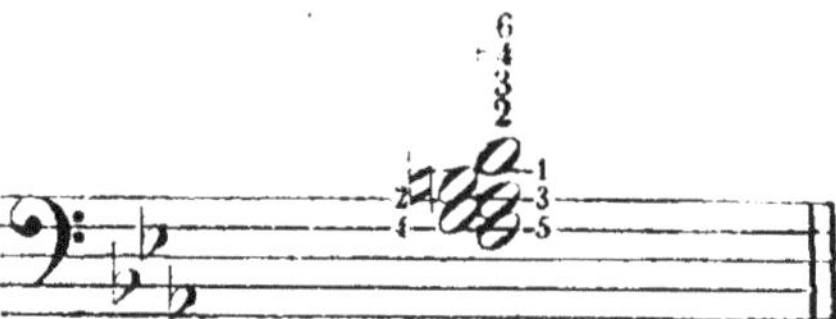

NOTA. Le dièse remplace souvent le bécarre afin, suivant le ton, de produire l'intervalle de quarte augmentée.

Le quatrième renversement est composé de seconde et quarte augmentées, de sixte et de septième majeures. Il se chiffre ainsi :

NOTA. De même que dans les second et troisième renversements, on remplace souvent le bécarre par le dièse, suivant le ton.

Encore plus dissonants que ceux de la neuvième majeure, les renversements de la neuvième mineure ne doivent être employés qu'avec la plus grande retenue, et seulement pour produire des effets spéciaux.

____

(1) Ce quatrième renversement est également omis par Catel dans son Traité d'Harmonie.

Enfin, il faut toujours, à l'état direct ainsi qu'à celui de renversement, faire en sorte de placer la neuvième de l'accord dans la partie la plus éloignée de la basse; excepté au quatrième renversement, où cette position inférieure est de rigueur, pour que ce même renversement soit produit.

§ 6.

Résumé général des quinze accords directs et renversés du système, employés avec l'indication en *notes blanches* des sons que l'on peut supprimer en accompagnant au piano ou à l'orgue.

SÉRIE 1.—ACCORDS DE TROIS SONS.

A. Accord parfait majeur.　　　　B. Accord parfait mineur.

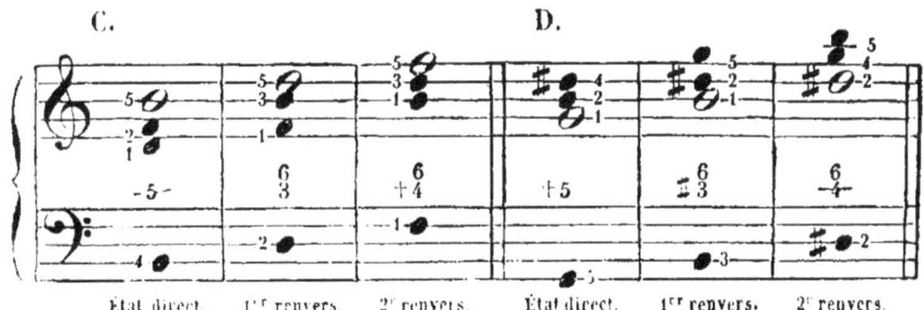

Avant d'aller plus loin, on observera que chaque second renversement est présenté, dans ce *résumé*, abstraction faite de l'état direct et du premier renversement qui le précède.

Sans cette particularité, on eût évité de faire répéter en *octaves consécutives* la partie aiguë extrême et la basse; car deux ou trois octaves de suite, produisant un effet mesquin, sont prohibées de toute bonne harmonie.

Accords de quinte diminuée et de quinte augmentée.

SÉRIE 2.—ACCORDS DE QUATRE SONS.

Sixte augmentée avec quinte juste, et sixte et quarte augmentées.

État direct.   Unique renversement.   État direct.   Unique renversement.

Accords de septième dominante, — de septième dominante
avec quinte augmentée.

État direct. 1er renv. 2e renv. 3e renv. État direct. 1er renv. 2e renv. 3e renv.

On remarquera, une fois pour toutes, que l'accompagnateur doit,
avant tout, faire entendre les notes représentées par les chiffres
écrits; ce n'est que les notes non indiquées par les chiffres que l'on
peut supprimer, quoique pourtant ces mêmes notes fassent parties
intégrantes dans les accords.

Septièmes de seconde et troisième espèces.

État direct. 1er renv. 2e renv. 3e renv. État direct. 1er renv. 2e renv. 3e renv.

Septième de quatrième espèce.

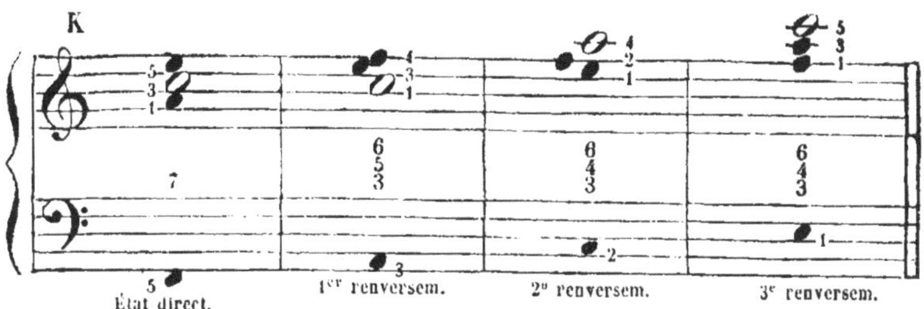

Septièmes sensible et diminuée.

SÉRIE 3. — Accords de cinq sons.

Neuvièmes majeure et mineure.

§ 7.

Exercice dans lequel tous les accords directs et renversés du système sont employés pour le piano ou l'orgue, dans différents tons, avec le doigté indiqué à chaque accord.

ACCORDS DE TROIS SONS. — Parfaits majeur et mineur.

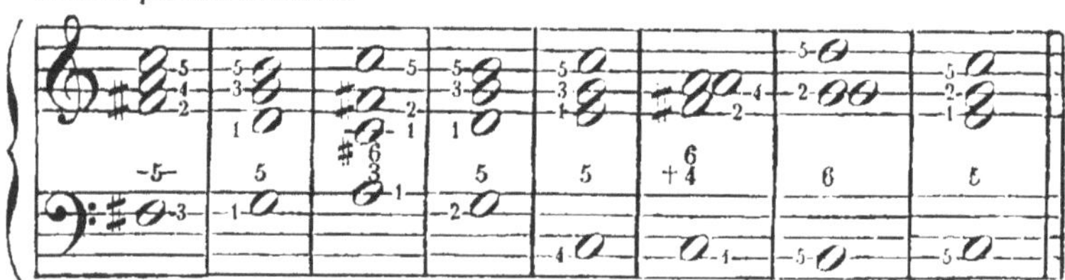

Accord parfait diminué.

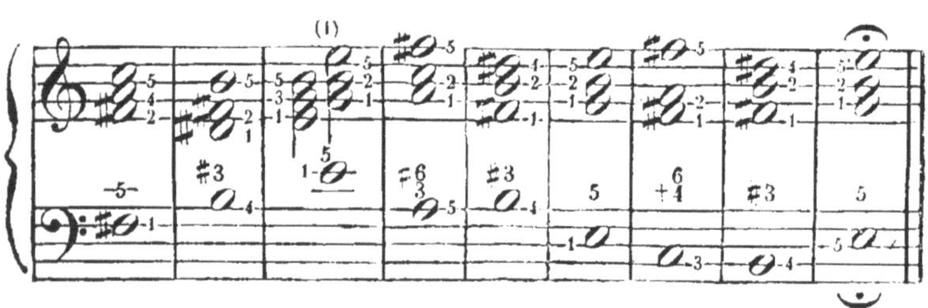

(1) Lorsque les deux mains se trouvent très rapprochées, ce qui resserre trop l'harmonie, on divise l'accord en deux valeurs égales, comme dans cette mesure; et, par ce moyen, les parties hautes et la basse se trouvent de suite à une distance plus sonore.

Accord parfait augmenté,

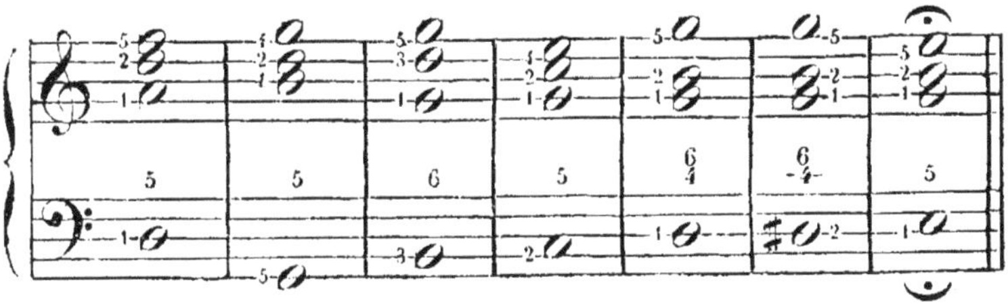

ACCORDS DE QUATRE SONS.—Sixte augmentée avec quinte juste.

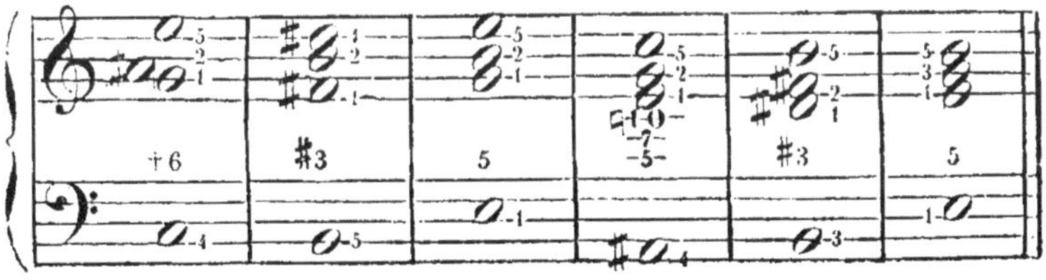

Sixte et quarte augmentées.

Septième dominante.

Septième dominante avec quinte augmentée.

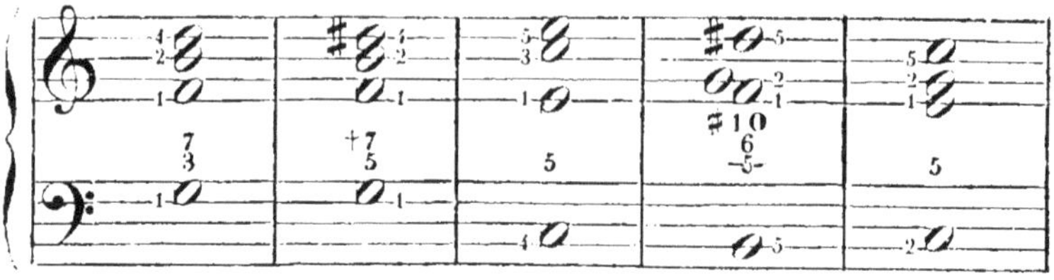

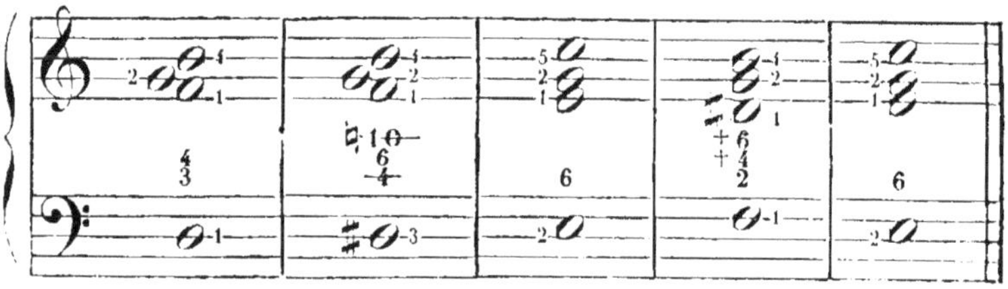

Septième de seconde espèce.

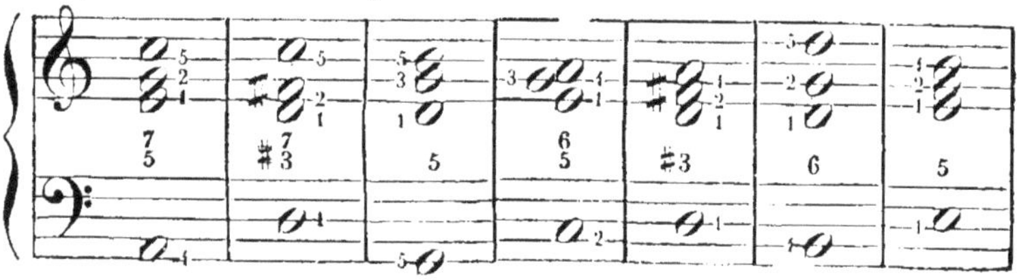

Septième de troisième espèce.

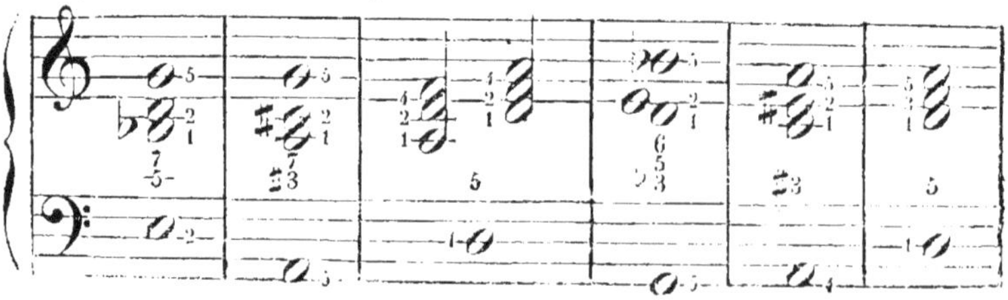

Septième de quatrième espèce.

Septième de sensible.

(1) Cet accord et le suivant ont été écrits à cinq parties, afin que la dissonnance de celui qui les précède descendît régulièrement.

Septième diminuée.

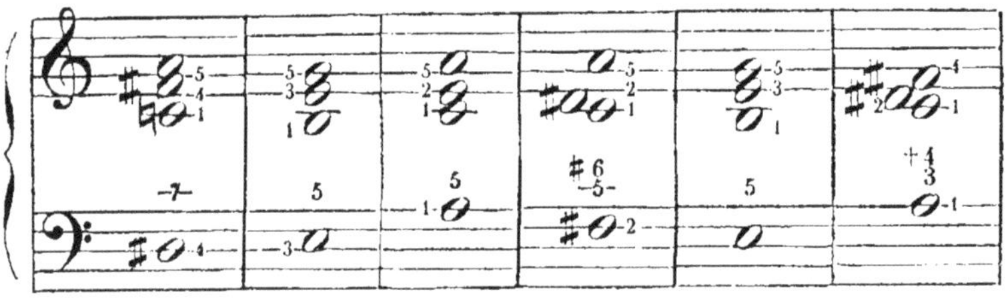

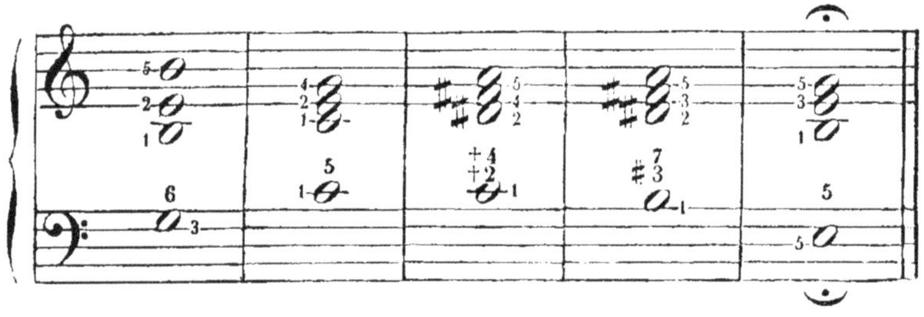

ACCORDS DE CINQ SONS.— Neuvième majeure.

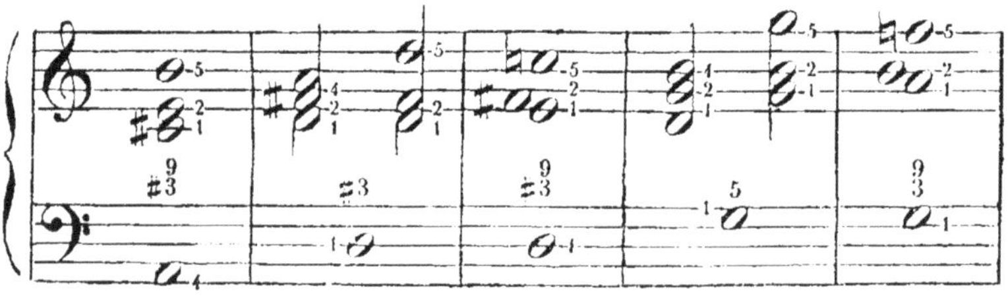

Neuvième mineure.

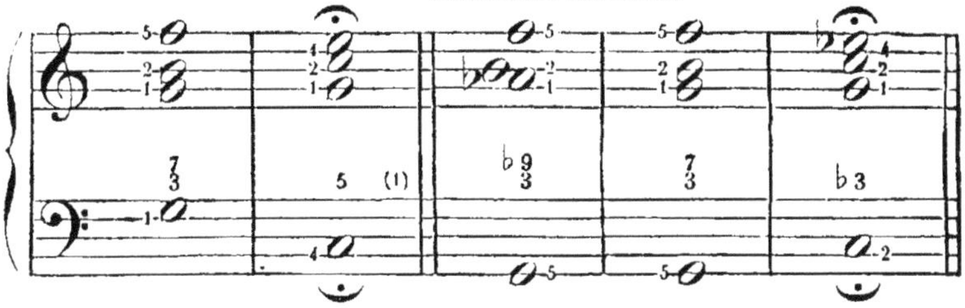

Conclusion en **UT** majeur, ton primitif.

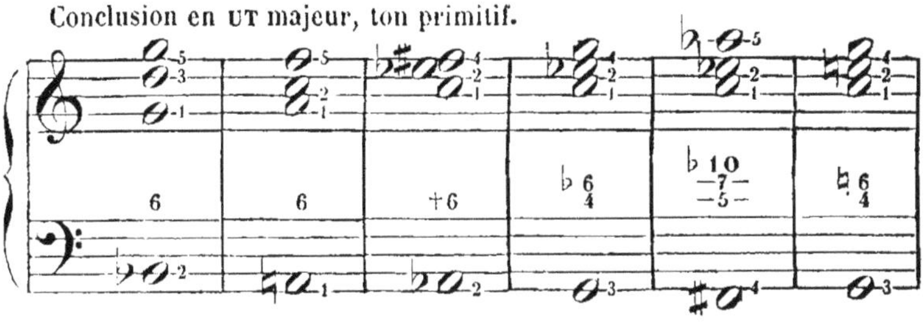

§ 8.

De la tenue d'une ou plusieurs notes. — Du trait (—) placé à la basse sur plusieurs notes successives. — Du *tasto solo*. — De l'unisson, ainsi que de quelques indications particulières à la notation de la basse chiffrée. — Des accords plaqués et des accords brisés ou arpégés.

(*a*) On donne le nom de **TENUE**, ou note commune, à l'audition continue d'une ou de plusieurs notes faisant partie soit d'un même

----

(1) Les renversements des neuvièmes majeure et mineure n'ont pas été reproduits dans cette basse, parce qu'ils ne figurent dans tous les traités que pour mémoire, leur effet étant d'une dureté insupportable.

accord, soit de différents accords successifs [1]. — Une *tenue* peut être simple, double, triple et même quadruple. Lorsque l'on accompagne, il faut laisser en place les doigts qui exécutent la note ou les notes de cette espèce. Exemple :

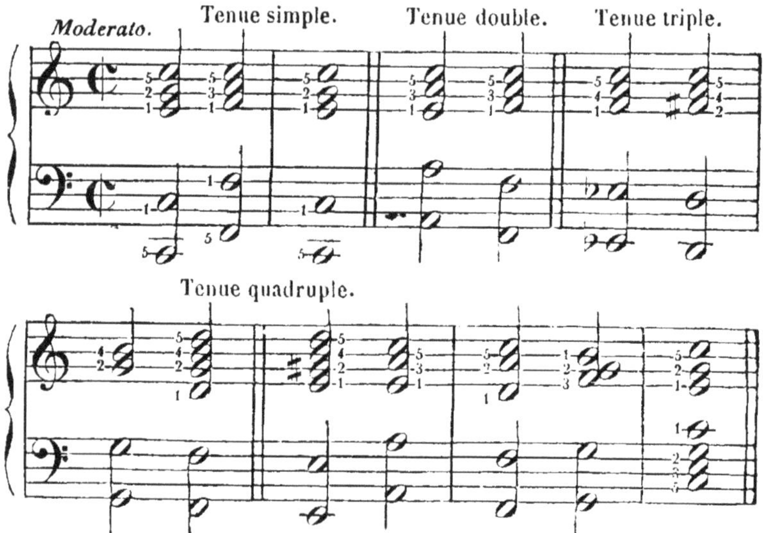

Le propre de la *tenue* est de lier davantage l'harmonie, ce qui, en la rendant plus pure, évite de déplacer disgracieusement la main droite.

(*b*) Précédé d'un chiffre, le TRAIT ——, plus ou moins prolongé

---

(1) C'est parce qu'il n'y a aucune note *tenue* ou *commune* entre deux accords parfaits montant ou descendant d'un degré, qu'il est défendu de faire au piano, ou d'écrire, *deux quintes* de *suite* dont l'effet est très dur. Quant aux deux octaves qui, dans ce cas, ont lieu de *suite* aussi, leur effet n'est, comme on l'a dit plus haut, que mesquin. On évite ces deux fautes en faisant *monter* l'une des deux quintes ou des deux octaves, si la basse descend ; et le contraire si elle monte. Exemple :

sur quelques notes successives, indique à l'accompagnateur qu'il ne doit pas changer, à la main droite, l'harmonie de ce même chiffre; mais, dès que le trait n'a plus de valeur indicative, un chiffre nouveau exige une harmonie nouvelle. Exemple :

Quelquefois aussi, le chiffre 8 est suivi du trait, tandis que chacune des notes de la basse est surmontée du chiffre 3. Dans ce cas, on fait une tenue à la main droite de l'octave du premier son de la basse, tandis qu'une partie intermédiaire fait une suite de tierces supérieures aux notes de la basse elle-même. Afin de donner plus d'intensité à la tenue, on la double à l'octave; mais cependant l'harmonie n'est qu'à trois parties réelles ou distinctes. Exemple :

A propos du chiffre 8, nous observerons aussi que, lorsqu'il est placé sous une note ou plusieurs notes successives de la basse, il indique que l'on doit exécuter en octaves ces mêmes notes. Exemple :

(c) Le mot TASTO SOLO (*touche seule*), qui n'est plus guère employé que dans les *solféges*, les *méthodes de vocalisation* et les basses chiffrées pour l'orgue de certaines *messes*, signifie que l'accompagnateur doit s'abstenir de faire aucune harmonie *supérieure* ; et ce n'est qu'à la nouvelle apparution d'un chiffre que la main droite remplit l'harmonie indiquée à la basse. Exemple :

(*d*) Lorsque le mot UNISSON est écrit à la basse, il signifie que les *deux mains* doivent accompagner en octaves jusqu'à l'apparution d'un chiffre indiquant la rentrée de l'harmonie. Exemple :

Les grandes mains devront exécuter l'*unisson* à la *quadruple octave ;* cette *orchestration* produit toujours un effet très puissant.

(*e*) Souvent, l'accord parfait majeur et mineur, tels que le ton les

donne naturellement, ne s'indiquent aucunement ; d'autres fois , lorsque la *tierce* de ces mêmes accords parfaits a besoin d'être *majeure*
ou *mineure* accidentellement , les compositeurs se contentent de sur-
monter les notes de basse (la tonique ou le son fondamental) d'un des
signes accidentels nécessaire pour hausser ou baisser la tierce. Dans
l'un ou l'autre cas , l'accompagnateur doit se rappeler qu'il n'y a que
le *seul accord* parfait majeur ou mineur qui tolère soit l'absence de tout
chiffre , soit l'emploi équivalent du dièse , du bémol ou du bécarre.
Exemple :

C'est comme s'il y avait à la basse les chiffres suivants :

(*f*) Nous avons dit (page 16) que l'*octave*, dans les *quatre accords
de trois sons*, n'était qu'un son complémentaire, mais non essentiel
pour préciser la qualité de chacun de ces quatre accords. Cependant,
lorsque le compositeur veut absolument que l'octave soit entendue, il
surmonte du chiffre 8 le 5 ou le 3 placé au-dessus de la basse; et
même, lorsque la qualité majeure ou mineure de l'accord parfait est
bien précisée par le ton principal, le chiffre 8 est seul écrit dans ce
cas. Exemple :

(*g*) Jusqu'ici, l'accompagnateur n'a exécuté que des accords *plaqués*,
c'est-à-dire des accords dont tous les intervalles *sont entendus simultanément*; il n'est pas inutile de lui indiquer comment on produit un
effet tout contraire, et *toujours plus harmonieux*, en faisant entendre
l'un après l'autre les sons constitutifs des accords. Cette manière de

procéder, imitée de celle si habituelle de pincer de la harpe (*arpa*, en italien) prend justement, pour cette cause, le nom significatif d'*arpége*.

Il y a plusieurs manières d'arpéger. La première consiste à faire six notes ou un sextolet au lieu de quatre notes. Dans ce cas, et quelle que soit la valeur des notes, la basse fait en octave la première note du sextolet, tandis que la main droite exécute les cinq autres. Exemple:

Le sextolet étant une des divisions en croches de la blanche, et le triolet une division de la noire, c'est pour cette raison que les deux derniers accords de la troisième mesure sont employés de cette dernière manière.

La seconde manière d'arpéger consiste à faire de simple noires ou croches, suivant le mouvement. Dans le premier cas, la main gauche n'exécute qu'une seule note (une ronde); exemple 1. Dans le second, elle en fait entendre deux (deux blanches); exemple 2.

Ex. 1. *Allegro moderato.*

Ex. 2. *Andantino.*

Certains passages de basse chiffrée portent souvent, dans quelques solféges modernes, l'indication *arpéges*. Presque toujours l'espèce d'arpége est indiquée au moins dans la première des quelques mesures où le compositeur désire que ce genre d'accompagnement soit employé; et le mot italien *simili* (semblables) suit, et ne perd sa valeur que dès qu'une note, de figure différente, changeant le rhythme-arpégé, rétablit le plaquage des accords dans son état normal.

Lorsque le mot *arpége* est écrit sans indication abrégée du rhythme-arpégé, c'est à l'accompagnateur à choisir, avec discernement, quelle espèce de rhythme il emploiera. Le mouvement et le caractère du morceau doivent être, dans ce cas, très considérés. Enfin les sextolets et triolets conviennent aux morceaux religieux, et les croches et noires à ceux d'une expression moins solennelle.

CHAPITRE TROISIÈME.

DE LA MÉLODIE,

ET DES NOTES RÉELLES ET PASSAGÈRES QUI CONCOURENT
A SA FORMATION.

§ 1.

De la mélodie en général. — Nomenclature et explication sommaire
des notes de passage.

Toute espèce de mélodie est formée de notes qui appartiennent, ou qui ne sont que passagères à l'harmonie qui doit les accompagner.

Les notes de passage se divisent en six espèces bien distinctes. Les notes réelles sont intégrantes aux accords, ainsi qu'on vient de le dire plus haut, mais elles ne peuvent être aucunement classées.

C'est afin d'éviter un emploi trop fréquent d'accords différents, et surtout pour pouvoir varier à l'infini l'expression poétique et musicale, que les six espèces de notes passagères ont été imaginées. En voici la nomenclature : 1. NOTES DE PASSAGE SIMPLES; 2. APPOGGIATURE; 3. ANTICIPATION; 4. SYNCOPE; 5. SUSPENSION; 6. PÉDALE.

Nº 1. NOTES DE PASSAGE SIMPLES.

Elles suivent *toujours* diatoniquement ou chromatiquement la note réelle qui les précède et les suit; exemple 1. Donc, lorsqu'une note de passage monte ou descend de plus d'un degré ou d'un demi-degré de seconde supérieure ou inférieure, sa qualité prend celle de *réelle*, et l'harmonie doit être changée; à moins que la note qui vient immédiatement après celle de passage, ne soit fondamentale à cette même note; exemple 2.

NOTA. Les notes *croisées* sont *passagères*.

Ex. 2.

La première version de ce second exemple exige un accord renversé dès la seconde note de la première mesure ; tandis que la seconde version, par le seul effet de l'emploi de la note de passage *mi* (enclavée entre *ré* et *fa*, notes réelles), n'oblige à prendre l'accord de *mi* bémol que sur le second temps de la mesure.

On peut faire aussi bien à la basse des notes de passage que dans les parties intermédiaires. Exemple :

N° 2. APPOGGIATURE. Cette note, essentiellement de goût, précède a note réelle d'un degré supérieur ou inférieur. L'appoggiature a plusieurs formes très variées. Exemple :

Presque tous les *agréments du chant* appartiennent au genre multiple de l'appoggiature; et c'est pour cette raison que les chanteurs doivent apporter le plus grand soin dans le choix des notes de goût qu'ils ajoutent aux mélodies originales, afin que les règles de l'harmonie ne soient pas violées par eux. Car, si l'harmonie primitivement écrite par le compositeur se trouvait faussée par suite des changements que subit la mélodie, ce ne serait jamais impunément; et des murmures improbateurs viendraient, trop tardivement, rappeler le chanteur au respect qu'il doit professer envers ce que les maîtres ont écrit, harmoniquement parlant.

Nº 3. L'ANTICIPATION. Cette note de passage a une très petite valeur dans le temps musical; et c'est toujours sur l'extrémité du temps faible qu'on la place. Exemple:

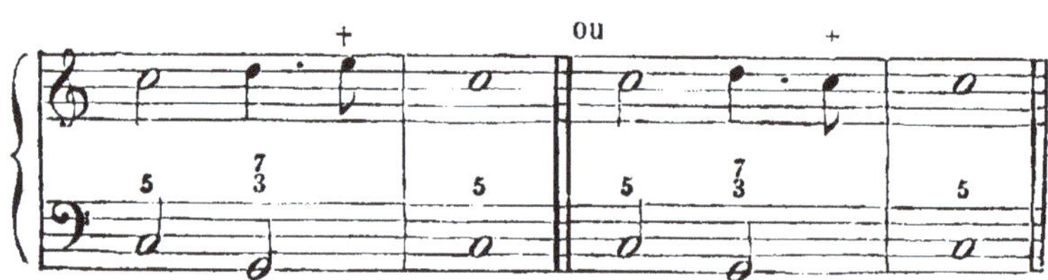

Souvent, l'anticipation est précédée de l'appoggiature. Exemple:

Il arrive aussi quelquefois que la basse anticipe en faisant entendre, avant le temps, la note fondamentale nécessaire à l'accompagnement de la mesure qui suit celle où se pratique cette rare anticipation. Beethoven est presque le seul des maîtres modernes qui se soit permis cette licence. (Voir le $\frac{6}{8}$ du final de la *symphonie pastorale*, et la fin du menuet de celle en *ut mineur* du même compositeur). Exemple:

N° 4. La Syncope. Cette note de passage, qui donne beaucoup d'agitation à la mélodie, s'attaque toujours sur le temps faible de la mesure, et produit son effet dissonnant passager sur le temps fort suivant pour continuer ainsi jusqu'à sa cessation complète.

On fait des syncopes de toutes sortes de valeurs; mais il n'est pas d'usage de faire succéder, par exemple de mesure en mesure, différentes syncopes dissemblables en durée temporaire musicale. De plus la syncope peut n'être que rhythmique; mais alors elle cesse d'être harmonique, c'est-à-dire produisant dissonnance passagère dans l'harmonie qui l'accompagne.

---

(1) Catel, dans son Traité, donne à cet effet (l'audition simultanée de la tonique et de la septième dominante) le nom de *onzième tonique*, à cause du quatrième degré qui est placé à onze degrés du premier.

Ajoutons que la syncope est toujours *rhythmique* lorsqu'elle n'est pas harmonique.

On ne chiffre pas à la basse les intervalles dissonnants produits passagèrement par la syncope.

De plus, la basse doit toujours frapper le premier *temps fort* si la syncope est en blanches, tous les temps si elle est en noires, et chaque temps et demi-temps si elle est en croches.

On n'agit ainsi qu'afin de rendre possible l'exécution de la syncope, dont le propre, ainsi que cela a été dit plus haut, est de jeter de l'agitation dans la composition.

Les quatre premières espèces de notes de passage, dont il vient d'être parlé, peuvent se faire doubles, soit à la tierce supérieure, soit à la sixte inférieure (tierce supérieure renversée). Exemple :

N° 5. **La Suspension**[1]. Toutes notes qui forment un accord sur

---

(1) Appelée aussi *retard* ou *prolongation* par Catel.

lequel on peut faire un repos peuvent être suspendues, renversées ou prolongées.

Pour qu'une suspension produise l'effet qui lui est particulier, il faut que, passagèrement, elle forme une dissonnance avec la basse.

On indique à cette dernière partie, par un chiffre correspondant à l'intervalle supérieur, quelle espèce de suspension on a voulu y produire.

La basse, cependant, peut également suspendre certaines notes; et, dans ce cas, le chiffre correspondant indique, comme pour les parties hautes, quel intervalle doit produire l'effet suspensif désiré.

On fait quelquefois aussi une suspension qui n'est pas dissonnante; mais alors la note de passage qui nous occupe n'est pas mise en pratique; car il n'y a suspension qu'alors qu'une *dissonnance passagère* est produite. C'est pour éviter toute méprise à cet égard que nous insistons avec tant d'instance sur la qualité dissonnante de la suspension.

Voici la nomenclature de toutes les suspensions pratiquées. Nous avons suivi l'ordre numérique des intervalles de l'échelle diatonique.

1° La seconde suspend et la tierce et la sixte.

2° La tierce ne peut rien suspendre, parce qu'elle ferait consonnance avec la basse.

3° La quarte suspend et la tierce et la quinte.

4° La quinte ne peut rien suspendre, étant dans le cas de la tierce.

5° La sixte ne suspend rien également, parce qu'elle forme une consonnance avec la basse.

6° La septième suspend la tierce et la sixte, ou la sixte seule et l'octave.

7° La neuvième suspend et l'octave et la dixième.

Les suspensions *réelles* peuvent être renversées.

Avant de passer outre, nous devons dire au lecteur que, véritable dissonnance, quoique passagère, la suspension a besoin d'être *préparée* et résolue. On prépare en faisant entendre la note suspendue dans un accord avec lequel elle doit être consonnante; puis, l'effet suspensif étant produit, on résout en suivant les règles ordinaires relatives à l'enchaînement naturel des accords.

De plus, il faut que la note qui prépare la suspension ait une valeur de durée égale à celle de la suspension elle-même; sans l'observation de cette règle, la suspension perdrait tout son caractère ; et même, si elle n'était pas préparée du tout, elle deviendrait une espèce d'appoggiature, d'un effet souvent gracieux, mais de beaucoup moins solennel que ne l'est la suspension pure.

Voici le tableau de toutes les suspensions précitées, et pratiquées à l'état direct et renversé.

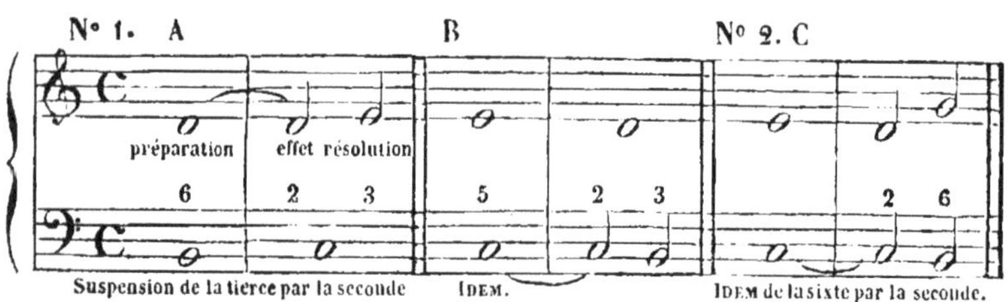

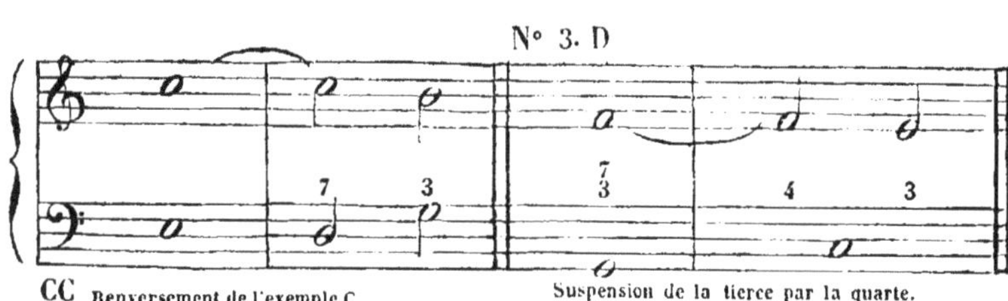

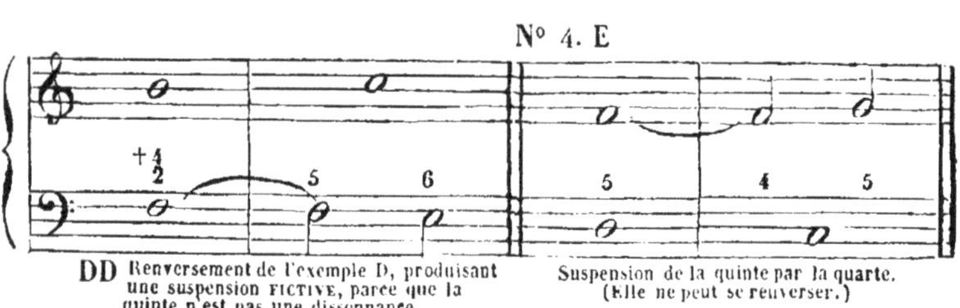

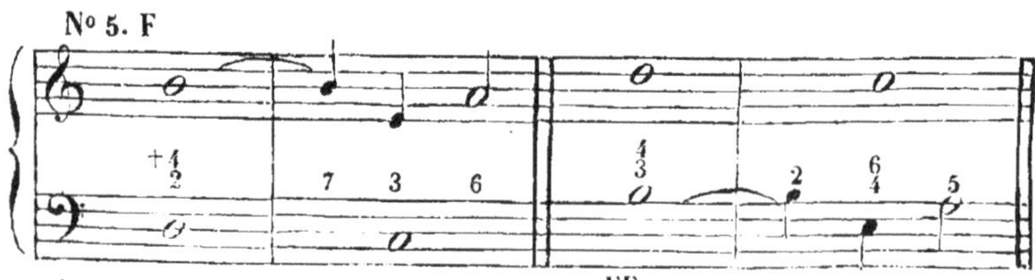

Suspension de la sixte par la septième.   GG Renversement.   Suspension de l'octave par la septième.
(Elle ne peut se renverser.)

Suspension de la dixième et de l'octave par la neuvième.   Autre suspension de la dixième par la neuvième.
(Ces deux suspensions ne peuvent se renverser.)

On peut faire plusieurs suspensions simultanées, surtout lorsque c'est la septième ou la neuvième dominante qui retardent tout ou partie de leurs notes sur la tonique finale; mais, quel que soit le nombre des suspensions, il est d'usage d'indiquer par des chiffres, non seulement le retard ou les retards, mais aussi les autres notes qui complètent l'accord normal, c'est-à-dire non suspendu. De plus, on ne doit pas faire entendre d'avance la note suspendue, tandis que celle qui la retarde produit son effet. Cette faute de style entraîne avec elle quelques octaves anticipées, et toujours un effet très peu harmonieux.

Voici la récapitulation de toutes les suspensions simples, suivies des suspensions doubles, triples, quadruples et quintuples, à l'état direct et renversé, avec la manière de chiffrer les uns et les autres, y compris les chiffres indiquant le complément nécessaire de l'harmonie normale ou non suspendue.

NOTA. Les suspensions sont indiquées en notes noires.

AA. Suspension double. — La quarte retarde la tierce; la seconde opère de même.

L'O signifie : unisson ou octave.

**BB. Suspension triple.—La septième retarde l'octave; la quarte et
la seconde retardent la tierce.**

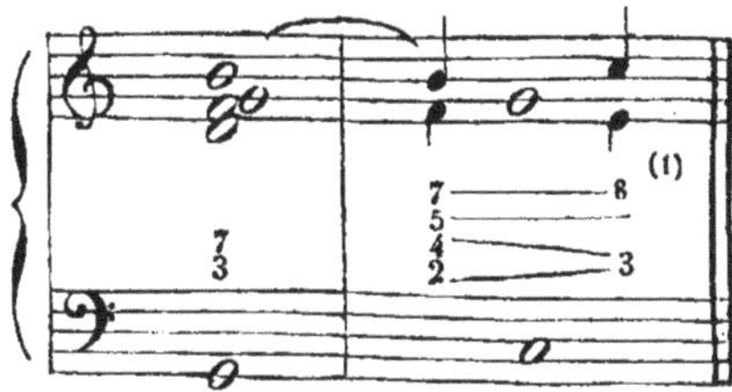

**CC. Suspension quadruple. La neuvième et la septième retardent
l'octave ; la sixte et la quarte retardent la quinte et la tierce.**

**DD. Suspension quintuple. La neuvième et la septième retardent
l'octave ; la sixte retarde la quinte ; la quarte et la seconde retardent
la tierce.**

---

(1) Catel donne à cette suspension le nom d'accord de septième *superflue*
avec onzième tonique (la quarte étant, dans ce cas, éloignée de onze degrés de
la basse). On remarquera que cet auteur, lorsqu'une dissonnance forme *accord*,
lui donne le nom de *retard* ; et *vice-versa* lorsqu'il s'agit de véritable suspension.

(2) Catel appelle les deux suspensions quadruple et quintuple : des accords
de septième superflue avec sixte majeure et onzième tonique. Voir la note
précédente où ce système est démontré peu rationnel.

Nota. On observera qu'il faut absolument écrire ou exécuter à cinq parties *réelles* pour pratiquer la suspension quadruple, et qu'une sixième partie est également indispensable pour exprimer la suspension quintuple.

Voici, pour terminer, une formule de suspension employée très souvent dans la musique du siècle dernier.

N° 6. La pédale est une tenue tour à tour consonnante et dissonnante avec les parties qui passent dessus ou dessous elle ; car on peut faire trois espèces de pédales : 1° L'inférieure (c'est la plus usitée et la plus riche en effets harmoniques) ; 2° l'intermédiaire, et 3° la supérieure.

Pour bien chiffrer une *pédale inférieure*, il faut écrire, au-dessus de la note tenue à la basse, les chiffres indicatifs de *tous* les intervalles formant l'harmonie supérieure. De plus, quelle que soit l'espèce de pédale employée, on doit préparer cette note, parce qu'elle est une véritable dissonnance. Enfin, la pédale inférieure se pratique, soit sur la tonique, soit sur la dominante allant à la tonique. Exemple :

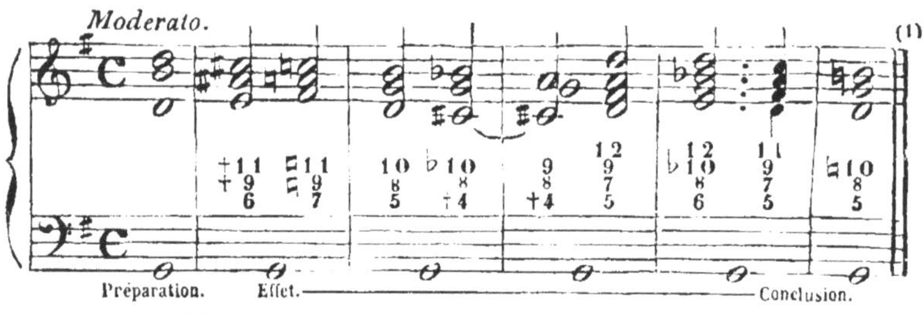

(1) C'est dans l'ordre qu'ils occupent en effet, et d'après leur état d'intervalles simples ou composés, que les sons supérieurs ont été chiffrés dans l'exemple précédent. Cette disposition est obligatoire, afin que l'accompagnateur rende avec précision l'harmonie supérieure.

Observons aussi que les chiffres 11 et 12 employés dans cet exemple indiquent les intervalles de *onzième* et de *douzième*, représentant la quarte et la quinte éloignées de onze et de douze degrés de la basse.

Afin de donner du mouvement à la main gauche ou à la basse, on exécute la pédale soit en noires ou en croches, suivant le mouvement plus ou moins vif du morceau. Exemple :

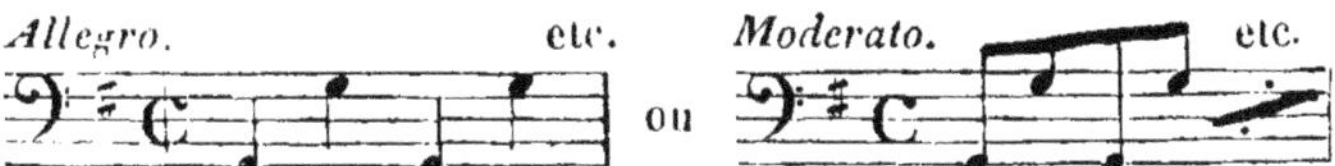

On peut aussi faire la pédale inférieure en arpéges, soit en frappant le premier temps à la basse, et en continuant l'arpége à la main droite (exemple 1), soit en faisant des tenues à cette main, tandis que la basse fait la totalité des notes arpégées (exemple 2).

Ainsi que les cinq notes de passage précédentes, la pédale inférieure, ou à la basse, peut se faire double. Ordinairement, c'est la tonique et sa quinte supérieure qui sont entendues simultanément.

Exemple d'une pédale double, pratiquée sous les parties supérieures du modèle qui a été donné page 65 :

Pédale tonique à chiffrer comme dans le premier exemple, abstraction faite de la pédale dominante indiquée, pour moins de confusion, par le 5 suivi du trait (——), qui cesse avec la pédale elle-même.

Lorsque la pédale est supérieure ou intermédiaire, il faut que les parties qui l'accompagnent marchent en tierces ou en sixtes. On procède ainsi afin d'adoucir ce qu'il y a de trop dissonnant dans l'effet produit par l'une ou l'autre de ces deux pédales.

C'est par le chiffre 8 suivi du trait (——) que l'on indique la pédale, si c'est sur la tonique qu'elle est pratiquée ; si c'est sur la dominante, le chiffre 5 la représente également ; et le trait qui suit le 8 ou le 5 surmonte la série des chiffres **3** ou **6**, indiquant si c'est en tierces ou en sixtes que la pédale est accompagnée.

Exemple d'une pédale *supérieure*, accompagnée par une suite de tierces :

Exemple d'une pédale *intermédiaire*, accompagnée par une suite de sixtes :

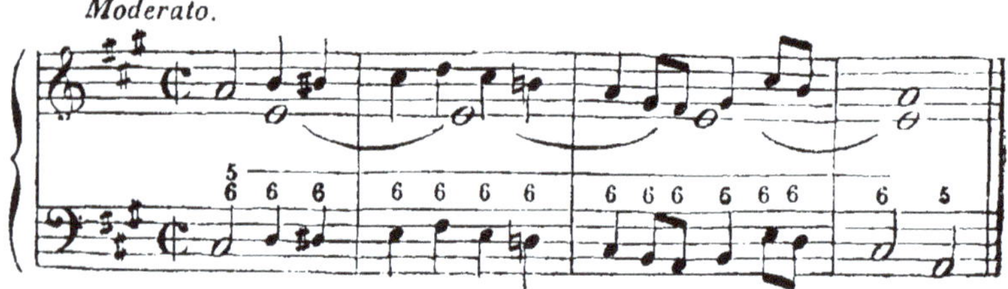

Le chiffre 5, qui surmonte la première note de la basse (l'*ut*), n'indique pas la quinte de cette même note, mais bien celle du ton principal dans lequel la pédale intermédiaire est pratiquée.

§ 2.

Vocalise – résumé dans lequel les six notes de passage et leurs variétés sont accompagnées d'une basse chiffrée qui, en regard, est réalisée en accords plaqués et arpégés, suivant le cas.

VOCALISE-RÉSUMÉ.

Nº 1. Notes de passage simples.

(1) Outre les six notes de passage qu'elle accompagne, cette basse chiffrée résume aussi tout ce qui a été enseigné dans le § 8 du deuxième chapitre.

Tasto solo.
Nº 3. Anticipations.

N° 4. Syncopes.

Nᵒ 5. Suspensions.

Nº 6. Pédale inférieure.
Simili.
(Arpége).

Simili.
Unisson
Pedale supérieure

Pédale intermédiaire.

8
3
3
7
3
6
3
7
5
7
5
7
7
tr
5
7
5
5
6
3
2
3
3
F
F
6
4
3
5
6
6
4
3
5
5
6

Nous n'avons donné tant de détails et d'exemples sur les notes de passage, qu'afin de mettre le chanteur à même de pouvoir, par la suite, accompagner toute espèce de basse privée de chiffres. Opération facile lorsque l'on sait, d'un coup-d'œil, distinguer les notes *réelles* de celles qui ne le sont pas.

§ 3.

Exemples de différents rhythmes que l'on peut exécuter lorsque l'on ne veut pas accompagner la basse en accords plaqués ou arpégés.

Outre les accords plaqués ou arpégés, dont nous avons parlé à la section 8 (page 48), on peut encore accompagner le chant par différents rhythmes qui, sans avoir la froide précision du placage ou celle plus poétique de l'arpége, offrent à l'accompagnateur une variété qui n'est pas sans charmes.

Si le mouvement du morceau est modéré, on peut remplacer les accords plaqués ou arpégés par des contre-temps exécutés alternativement par les deux mains. Ce genre d'accompagnement produit un rhythme qui se prête à toute espèce d'expression musicale. Lorsque le mouvement est très rapide, et que les accords ne changent qu'à chaque nouvelle mesure, on produit ce contre-temps avec deux blanches ou quatre noires. Mais si, au contraire, le mouvement est assez lent, c'est par des croches, et même des doubles-croches, que le rhythme sera exprimé.

Chant accompagné de sa basse fondamentale chiffrée, servant de thème aux différents rhythmes dont il vient d'être parlé:

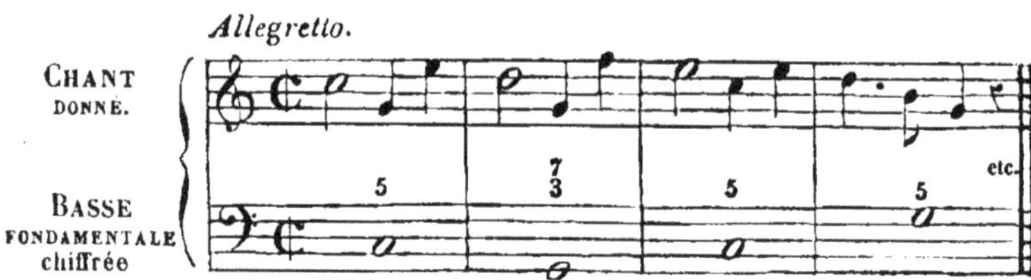

Première version: contre-temps en blanches.

Seconde version: contre-temps en noires (le mouvement plus modéré).

Troisième version: contre-temps en croches (le mouvement encore plus ralenti).

Quatrième version : en doubles-croches (le mouvement *Adagio*).

Enfin, il y a une autre manière qui consiste à faire, à la main droite, trois croches plaquées ou arpégées, tandis que la main gauche frappe soit une blanche, une noire ou une croche. Exemple :

Ces différents rhythmes peuvent s'appliquer, sauf quelques modifications que l'expérience indiquera suffisamment, à *toute espèce* de mesures simples, dérivées, composées ; et, enfin, par un exercice continu, les chanteurs parviendront, en très peu de temps, à savoir choisir l'espèce de rhythme convenable à l'étude solitaire de leurs rôles, lorsque, trop peu habiles sur le piano, ils ne peuvent prétendre à exécuter les dessins ou traits d'orchestre écrits dans les partitions des maîtres de la scène lyrique.

CHAPITRE QUATRIÈME.

DES NOTES D'AGRÉMENT, ET DES POINTS-D'ORGUE EN GÉNÉRAL,

RELATIVEMENT A LEURS RAPPORTS AVEC L'HARMONIE.

§ 1.

Considérations préliminaires.

Maintenant qu'un système tout dramatique exige de la part du chanteur les qualités déclamatoires du véritable tragédien ou du comédien, suivant le genre dans lequel son emploi l'a classé, les notes d'agrément, et surtout les points-d'orgue, sont souvent remplacés par des traits véhéments écrits en *toutes notes*, qui n'exigent, lorsqu'on les accompagne, aucune précaution harmonique, parce que les compositeurs ont tout prévu sous ce dernier rapport : mais, malgré la tendance des compositeurs modernes à ôter aux chanteurs la possibilité d'ajouter, soit des notes d'agrément, soit des points-d'orgue, on ne peut nier que, placés avec intelligence et sentiment, ces broderies, si poétiquement délicieuses lorsqu'elles sont exécutées avec art et à-propos, ne contribuent efficacement à l'effet de certaines parties de rôle, qui, sans cette espèce de guipure mélodique, engendreraient la monotonie ; surtout au théâtre où le même ouvrage est représenté d'autant plus de fois que son succès est plus général. C'est donc pour guider les chanteurs encore novices dans l'art de procréer les notes d'agrément et les points-d'orgue aux formes si variées, que nous allons nous occuper des uns et des autres sous le double point de vue du goût et de l'harmonie. Mais, avant de passer outre, il n'est pas inutile de fixer nos lecteurs sur le caractère particulier à chaque espèce de voix humaine ; et c'est ce dont nous allons nous occuper dans la section suivante.

§ 2.

**Considérations sur le caractère particulier de chacune des voix types
et de leurs intermédiaires relativement aux notes d'agrément
et aux points-d'orgue ajoutés.**

VOIX TYPES.

Le PREMIER SOPRANO, vif, léger, brillant et expressif tour à tour,
est, de toutes les voix, celle qui le plus facilement peut aborder
toutes les difficultés si variées et si riches d'une hardie vocalisation.

Le CONTRALTO, au timbre grave, sévère, monacal même, exécute plus volontiers des traits expressifs, quelques groupes de petites
notes, une large appoggiature ; mais les gammes chromatiques, les
roulades, et enfin toute espèce de traits qui exigent de l'agilité lui
sont ordinairement interdits.

Le PREMIER TÉNOR, de même que le premier soprano, peut
vocaliser avec puissance, et même avec plus de force, toutes les riches
broderies qui entourent les notes *radicales*[1] d'une mélodie légère,
expressive ou véhémente ; mais cependant, lorsque l'artiste qui
possède cette voix n'a pas des sons de tête d'une grande force, il
rachète cette faiblesse apparente par l'art avec lequel il sait filer
les sons.

La BASSE-TAILLE, dont le véritable caractère constitue la force,
la gravité et même la solennité, doit être encore plus sobre que toute
autre espèce de voix de notes d'agrément et de points-d'orgue ; mais,
de même que le contralto (la basse naturelle des voix féminines),
cette voix, la plus belle de toutes les voix masculines, doit abandonner au *baryton* les traits et points-d'orgues légers, pour réserver
toute sa puissance lors de l'exécution de certains passages qui, par
leur expression dramatique et une ampleur mélodique bien accusée,
contribuent à faire valoir ses magnifiques cordes graves.

VOIX INTERMÉDIAIRES.

Le MEZZO SOPRANO, quoique plus léger que le CONTRALTO, doit

---

(1) On donne le nom de *radicales* aux notes qui, faisant partie de l'harmonie accompagnatrice, sont réelles, c'est-à-dire appartiennent à cette même
harmonie, alors que, dépouillées de toutes notes d'agrément ou de passage, on
les vocalise ou exécute telles que le compositeur les a écrites.

abandonner au premier soprano la plupart des notes d'agrement qui exigent une agilité vocale trop marquée.

Le TÉNOR SECUNDO, espèce de baryton incomplet, est dans le même cas relativement au *premier ténor*. Il n'y a donc que le BARY-TON qui, ainsi que les *premier soprano* et *ténor*, ait la possibilité de vocaliser toute espèce d'agrément, de chant et de point-d'orgue; et même, d'après les exigences du style vocal actuel, le baryton est de toutes les voix d'hommes celle qui produit le plus d'effet, parce que cette voix réunit à l'agilité des unes la force des autres, et que son timbre, tout à la fois viril et expressif, permet à l'artiste qui la possède de les résumer en quelque sorte en produisant tour à tour les effets particuliers de chacune d'elles.

§ 3.

Des temps de la mesure sur lesquels les agréments du chant peuvent être placés ; et des accords qui accompagnent le plus ordinairement les points-d'orgue ajoutés par les chanteurs.

La mesure à *deux temps* est divisée, ainsi que sa qualité l'indique, par deux temps égaux en durée, mais non pas en force; car le premier temps est *fort* (c'est le *frappé*), et le second est *faible* (c'est le *levé*).

La mesure à *trois temps* a deux temps forts, le premier et le dernier ; le second est *faible*.

La mesure à *quatre temps* a deux temps forts et deux temps faibles : le premier est fort, le second faible ; le troisième fort, mais moins que le premier du même genre, et le quatrième *faible*, mais davantage que le second de ce genre.

Les mesures dérivées et composées des trois mesures types dont il vient d'être parlé, ont exactement la même division en temps forts et faibles. Cependant, le mouvement assigné à l'exécution d'un morceau de musique peut, s'il est très lent, permettre de subdiviser les temps forts et faibles en les doublant. Le contraire a lieu si le mouvement est très vif; et même la *mesure à trois temps*, lorsqu'on exécute *presto*, n'a réellement qu'un seul temps fort : c'est celui qui se frappe au commencement de chaque mesure.

La NOTE DE PASSAGE SIMPLE, ne s'ajoutant presque jamais par les chanteurs, nous rappellerons seulement aux harmonistes qu'elle ne peut s'attaquer sur le premier temps fort d'aucune mesure.

L'APPOGGIATURE, dont toutes les variétés sont si riches qu'elles forment presqu'à elles seules la collection des agréments du chant, peut s'attaquer sur le premier temps fort de toute mesure. Souvent aussi, on l'attaque sur le second temps fort en la précédant d'un groupe de petites notes écrites ou indiquées seulement par cette boucle ∾. Exemple :

La boucle ∾ est souvent surmontée d'un des trois signes accidentels d'une qualité diminutive, tandis qu'un autre signe d'une qualité augmentative est placé au-dessous d'elle. Cette abréviation indique que la première note supérieure sera abaissée d'un demi-ton, tandis que la troisième note sera haussée d'une même distance. Exemple :

L'ANTICIPATION, qui se place toujours sur l'extrémité d'un des temps faibles, donnant une tournure vieillie à la mélodie, s'ajoute avec beaucoup de réserve. Exemple :

La SYNCOPE ne s'ajoute jamais par le chanteur, parce que cette figure est toujours écrite en toutes notes par les compositeurs. Cependant, dans certains points-d'orgue, on pourrait se permettre d'introduire une syncope, mais alors elle serait traitée sous le rapport harmonique comme une véritable appoggiature. Exemple :

La SUSPENSION, devant toujours être préparée par une note d'égale valeur à elle-même, ne peut être ajoutée par le chanteur.

La PÉDALE, note essentiellement harmonique, ne s'ajoute jamais.

Les gammes simples ou chromatiques, ajoutées soit après une note marquée d'un temps d'arrêt (⌢), soit entre deux notes radicales et remplissant une mesure entière, renferment les notes radicales qui, seules, doivent être accompagnées au piano ou à l'orgue.

Il suffit que la première et la dernière note, celle sur laquelle le repos a lieu, soient accompagnées. Ordinairement, c'est sur l'accord du quatrième degré (parfait, de sixte, ou de sixte et quinte), que l'on accompagne la première note mélodique ; puis le trait, la roulade, ou la gamme simple ou chromatique tombent, soit sur l'accord de sixte et quarte suivi de celui de quinte ou septième dominante, soit seulement sur l'un de ces derniers accords. Alors, une *cadence parfaite* ou une *terminaison absolue* a lieu dans le ton principal. Exemple 1.

Autre terminaison avec gamme chromatique passant sur la sixte et quarte, suivie de l'accord de septième dominante qui conclut à la tonique principale. Exemple 2.

Relativement à l'harmonie qui doit accompagner les points-d'orgue, nous ne saurions trop faire observer aux chanteurs que l'accord de sixte et quarte (second renversement de l'accord parfait majeur et mineur), suivi de celui de la dominante, ou de septième dominante concluant à la tonique, sont les accords sur lesquels les points-d'orgue s'harmonisent le plus ordinairement.

Quelquefois pourtant, on les fait sur la neuvième majeure ou mineure (suivant le mode du morceau), puis on les termine sur la dominante ou la septième dominante qui, dans l'un ou l'autre cas, conclut sur la tonique primitive.

Beaucoup de chanteurs inexpérimentés font un point-d'orgue dont les notes radicales appartiennent à l'accord de dominante, tandis que l'orchestre fait entendre celui de sixte et quarte du ton. Cette mixture de deux accords si différents produit un effet tellement barbare que, quel que soit le mérite du vocalisateur, quelqu'élégance qui distingue son point-d'orgue, mélodiquement parlant, il n'obtient par lui que des murmures improbateurs; car la conscience de l'oreille est possédée par les masses, quelle que soit leur éducation musicale, et ce n'est pas impunément qu'un chanteur se permet l'infraction aux règles de l'harmonie naturelle que nous venons de signaler plus haut.

Afin d'éviter cette énorme bévue musicale, le chanteur, connaissant la basse chiffrée et l'effet de résonnance de chaque accord, s'assurera quel est celui que le compositeur a placé dans l'orchestre; et c'est d'après ce même accord qu'il essaiera de vocaliser un point-d'orgue adapté à ses moyens autant que consonnant avec l'harmonie du maître.

Plusieurs compositeurs modernes, et notamment M. Meyerbeer, ont écrit des points-d'orgue à deux, trois, et même quatre voix, dans lesquels les accords les plus riches, et souvent les plus dissonnants sont employés avec effet ; ces points-d'orgue excentriques, qui ne sont au résumé que de veritables traits mesurés, ne peuvent être jamais remplacés en entier par les chanteurs. Mais pourtant, sur l'accord qui précède la note finale, accord toujours tenu par un point-d'arrêt, il est permis à celui des personnages qui possède la voix la plus aiguë de faire entendre quelques fusées ou gammes, ou appoggiatures nouvelles, pourvu, toutefois, que l'harmonie soutenue par les autres récitants ne soit point sacrifiée au vain désir de faire briller quand même un bel organe.

§ 4.

Exemples de points-d'orgue à une, deux, trois et quatre voix, tirés des œuvres de MM. Auber, Meyerbeer et Rossini, avec l'harmonie qui les accompagne chiffrée pour le piano.

N° 1. Point-d'orgue simple sur l'accord de neuvième dominante ; extrait de l'Air d'HENRIETTE (N° 6 de l'AMBASSADRICE, de M. Auber).

Quoique le choix du mouvement à donner au point-d'orgue soit laissé au goût du chanteur, on remarquera que le compositeur, en y insérant tour à tour des noires, croches, doubles-croches, etc., n'agit ainsi qu'afin d'indiquer à l'exécutant qu'il doit, relativement au mouvement choisi par lui, donner une durée de temps relative à celle des différentes valeurs de notes formant le point-d'orgue.

N° 1 *bis*. Autre point-d'orgue écrit sur l'accord de simple dominante; extrait de la Romance d'ALICE (N° 2 du premier acte de ROBERT-LE-DIABLE, de M. Meyerbeer).

Les points verticaux, employés pour la première fois par M. Meyerbeer, indiquent avec beaucoup d'intelligence à la cantatrice les petits temps de repos qu'elle doit prendre, afin d'exécuter avec aisance et perfection ce point-d'orgue aussi expressif qu'original.

N° 2. Point-d'orgue double sur l'accord de septième dominante, extrait du Duo n° 5 du second acte de ROBERT-LE-DIABLE, etc.

N° 2 *bis*. Autre point-d'orgue double, d'un caractère plus drama
tique, écrit sur la dominante (extrait du Duo n° 12, troisième acte de
l'opéra précédent).

N° 3. Point-d'orgue triple, extrait du Trio sans accompagnement, n° 13 du même opéra.

N° 3 *bis*. Autre point-d'orgue triple sur la septième dominante, extrait du n° 20 de GUILLAUME TELL de M. Rossini.

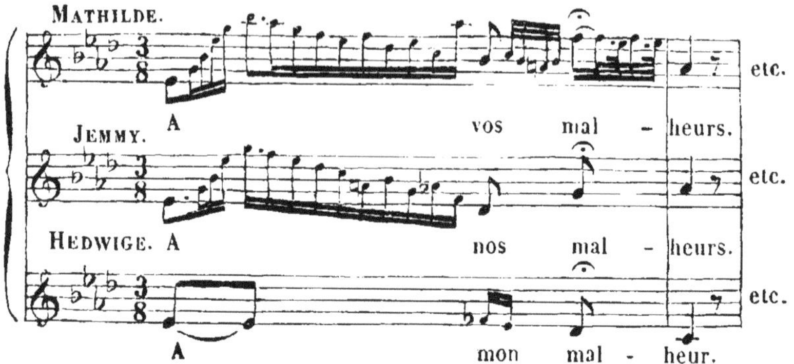

N° 4. Point-d'orgue quadruple écrit sur la neuvième dominante, et privé de fioritures à cause de la gravité du sujet. (Extrait du quatuor n° 6 du STABAT de M. Rossini).

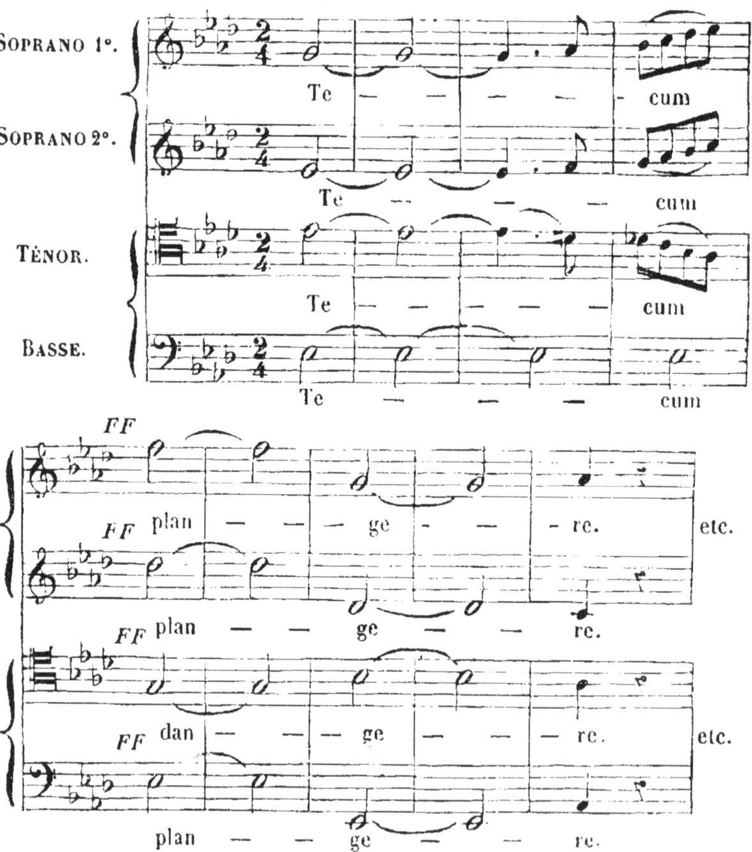

Si ce point-d'orgue, écrit en notes ordinaires, est soumis à l'impérieuse régularité de la mesure, en revanche, par la plénitude de son harmonie sévère et suave tout à la fois, il dédommage assez les chanteurs de l'absence forcée des fioritures; car, malgré son apparente pauvreté de notes brillantes, tous ceux qui l'exécutent avec ensemble et expression méritent et obtiennent par lui les applaudissements unanimes des connaisseurs, et même de la portion de public dont l'éducation musicale est le moins avancée.

Quand aux notes d'agrément et aux points-d'orgue d'un style plus léger, nous ne saurions trop répéter aux chanteurs que c'est toujours le caractère du morceau et son harmonie, autant que leurs propres moyens, qu'ils doivent consulter lorsqu'ils désirent broder la mélodie, par les unes ou y ajouter en la terminant par les autres.

Enfin, sans le plus grand respect pour la vérité dramatique ou religieuse et la pureté harmonique, aucun succès ne saurait couronner les plus admirables adjonctions vocales.

CONCLUSION.

En terminant cet ouvrage, que nous n'avons entrepris que pour être utile aux chanteurs, en les mettant à même de pouvoir étudier leur rôle *a priori* sans avoir besoin d'abord du secours d'un accompagnateur spécial, nous devons exprimer encore une dernière fois le vœu que nous avons émis dans notre préface : ce vœu, c'est que les éditeurs de musique qui possèdent en propriété l'ancien et le nouveau répertoire lyrique fassent chiffrer par les auteurs eux-mêmes, ou par de bons harmonistes, toutes les parties de basses de ces mêmes ouvrages, et exigent des compositeurs de partitions nouvelles qu'ils en chiffrent également les basses.

Ce que nous proposons pour les grande partitions, les compositeurs devraient aussi le pratiquer à l'égard des opéras, oratorios, messes, etc., réduits pour le piano. Les romances surtout, dont les accompagnements sont bien plus compliqués que jadis, devraient aussi éprouver immédiatement l'amélioration que nous réclamons avec tant d'instance; car, pour parvenir à les étudier seuls, la plupart de nos chanteurs de salons ne sont pas assez habiles pianistes, tandis que tous, en très peu de temps, peuvent se mettre en état d'accompagner correctement la simple basse chiffrée.

Cependant, comme les copistes de rôles ont l'habitude de placer toujours la simple basse d'orchestre sous les parties récitantes, en attendant que l'innovation si utile et si commode à pratiquer que nous proposons soit effectuée, rien n'est plus facile aux chanteurs lyriques que de faire chiffrer par un musicien capable les basses de leurs morceaux. Le temps si long consacré à cette étude souvent fastidieuse, sera réduit des deux tiers; et, grace à l'emploi intelligent de cet ouvrage, les chanteurs les plus infimes acquéreront une sûreté et une aisance que d'ordinaire ils ne parviennent à posséder qu'après d'inutiles tâtonnements.

Du reste, la plupart de nos habiles chanteurs modernes sont harmonistes.

Duprez, Barroilhet, Ponchard, mesdames Viardot-Garcia, Cinti-Damoreau, Rubini, Lablache, etc., auraient pu, si la nature ne les avait pas doués d'un organe puissant, se lancer dans la carrière de la composition; et nul doute que, d'après l'excellent goût qui distingue ces artistes d'élite, ils n'y eussent obtenu d'honorables et de légitimes succès.

FIN.

TABLE DES MATIÈRES.

Page.
Préface 3

INTRODUCTION. — PETIT TRAITÉ DU CLAVIER.

§ 1. Etendue ordinaire du piano 7

2. De la position des mains sur le clavier 10

3. De l'emploi respectif des deux mains lorsque l'on accompagne la basse chiffrée. . . . . *id.*

Gammes majeures diésées 12

— mineures — 13

Gammes majeures bémolisées 14

— mineures — 15

CHAPITRE PREMIER. — Des Accords.

§ 1. Accords de trois sons 16

Accord parfait majeur 17

— — mineur . . . . *id.*

— — diminué 18

— — augmenté. 19

2. Premiers accords de quatre sons 21

Sixte augmentée avec quinte juste . . . . *id.*

— — avec quarte augmentée . . . . . . *id.*

Pages

§ 3. Suite des accords de quatre sons 22

   1° Septième de première espèce . . . . id

   2° Septième dominante avec quinte augmentée 23

   3° — de seconde espèce . . . . id.

   4° — de troisième espèce 24

   5° — de quatrième espèce . . . . id.

   6° — de sensible 26

   7° — diminuée . . . . id.

§ 4. Accords de cinq sons . . . . id.

   1° Neuvième dominante majeure . . . . id.

   2° — — mineure 27

CHAPITRE SECOND.—Des Renversements des accords.

§ 1. Des renversements en général 28

  2. Accords—renversement de sixte, sixte et quarte (dérivés des accords de trois sons . . . . id.

   N°s 1 et 2. Premier renversement des accords parfaits majeur et mineur . . . . id.

   3. Premier renversement de la quinte diminuée . . . . id.

   4. Premier renversement de la quinte augmentée . . . 30

   N°s 1 et 2. Second renversement des accords parfaits majeur et mineur . . . . id.

   3. Second renversement de la quinte diminuée . . . . id.

   4. Second renversement de la quinte augmentée . . . id.

§ 3. Unique renversement des accords de sixte augmentée avec quinte juste, et de sixte et quarte augmentées (dérivés des accords de quatre sons, première série). . . . . . . id.

§ 4. Accords — renversements de la septième de première espèce (dérivés des accords de quatre sons, seconde série) . . . 32

   N° 1. Septième dominante . . . . id.

   Premier renversement . . . . id.

   Second renversement. 33

   Troisième renversement . . . . id.

   N° 2. Septième dominante avec quinte augmentée . . id.

   Premier renversement . . . . id.

   Second . . . . id.

   Troisième . . . . id.

Pages

N° 3. Septième de seconde espèce 34
Premier renversement . . . . id.
Second . . . . id.
Troisième . . . . id.
N° 4. Septième de troisième espèce . . . . id.
Premier renversement. . . . . id.
Second 35
Troisième . . . . id.
N° 5. Septième de quatrième espèce 35
Premier renversement. . . . . id.
Second 36
Troisième . . . . id.
N° 6. Septième de sensible . . . . id.
N° 7. Septième diminuée . . . . id.
Premier renversement 37
Second . . . . id.
Troisième . . . . id.
§ 5. Accords — renversements des accords de cinq sons. . . . id.
N° 1. Neuvième majeure. . . . . id.
Premier renversement . . . . id.
Second 38
Troisième . . . . id.
Quatrième . . . . id.
N° 2. Neuvième mineure . . . . id.
Premier renversement . . . . id.
Second . . . . id.
Troisième 39
Quatrième . . . . id.
§ 6. Résumé général des quinze accords directs et renversés du
système, employés avec l'indication en notes blanches des
sons que l'on peut supprimer en accompagnant 40
Série 1. — Accord de trois sons. . . . . id.
Série 2. — Accord de quatre sons 41
Série 3. — Accord de cinq sons. 42
§ 7. Exercice dans lequel tous les accords directs et renversés
du système sont employés par le piano ou l'orgue, dans
différents tons, avec le doigté indiqué à chaque accord . . 43

Pag.

Accord de trois sons . . . . *id.*

   — de quatre sons 44

   — de cinq sons 47

§ 8. De la tenue d'une ou plusieurs notes — Du trait (—) placé sur plusieurs notes successives.—Du TASTO SOLO.— De l'UNISSON, ainsi que de quelques indications particulières à la notation de la basse chiffrée.— Des accords plaqués et des accords brisés ou arpégés 48

Du TRAIT 49

Des quintes et octaves de suite . . . . *id.*

Du TASTO-SOLO 50

De L'UNISSON 51

De l'absence de chiffres à la basse 52

Arpége 53

CHAPITRE TROISIÈME.

DE LA MÉLODIE ET DES NOTES RÉELLES ET PASSAGÈRES QUI CONCOURENT A SA FORMATION 55

§ 1. De la Mélodie en général. — Nomenclature et application sommaire des notes de passage . . . . *id.*

NOTES DE PASSAGE simples . . . . *id.*

APPOGGIATURE 56

ANTICIPATION 57

SYNCOPE. 58

SUSPENSION 59

Tableau des suspensions simples 61

Récapitulation des suspensions simples et composées, y compris les chiffres indiquant le complément harmonique . . . 62

Suspension double. 63

Suspension triple 64

Suspension quadruple. . . . . *id*

Suspension quintuple . . . . *id.*

PÉDALE 65

Pages

§ 2. Vocalise—résumé des notes de passage 68

3. Exemple de différents rhythmes que l'on peut exécuter lorsque l'on ne veut pas accompagner la basse en accords plaqués ou arpégés. 76

CHAPITRE QUATRIÈME.

DES NOTES D'AGRÉMENT ET DES POINTS-D'ORGUE EN GÉNÉRAL RELATIVEMENT A LEURS RAPPORTS AVEC L'HARMONIE 79

1. Considérations préliminaires. . . . . id.

2. Considérations sur le caractère particulier des voix types et intermédiaires relativement aux notes d'agrément et aux points-d'orgue ajoutés. 80

3. Des temps de la mesure sur lesquels les agréments du chant peuvent être placés ; et des accords qui accompagnent le plus ordinairement les points-d'orgue ajoutés par les chanteurs . . 81

4. Exemple de points-d'orgue à deux, trois et quatre voix, tirés des œuvres de MM. Auber, Meyerbeer et Rossini, avec l'harmonie qui les accompagne chiffrée pour le piano. 85

Conclusion 90

Table des matières 92

FIN DE LA TABLE DES MATIÈRES.